LIEBLINGSREZEPTE
VOM LAND

MEINE BUNTE HERBSTKÜCHE

FÜR MOR UND FAR

LIEBLINGSREZEPTE VOM LAND

MEINE BUNTE HERBSTKÜCHE

CHRISTIAN

ZEIT
PORTIONEN
STÜCKZAHL
LITERANGABE
WECKGLAS

WENN DIE SONNE NOCH MAL RICHTIG SCHEINT

Herrlich sind die milden Tage im Herbst, die an den quirligen Sommer erinnern, die aber auch Vorfreude auf die ruhigere und kühlere Jahreszeit machen. Genießen Sie den Spätsommer in vollen Zügen mit einem fruchtigen Kartoffelauflauf mit Mirabellen, mit einem gefüllten Pitabrot vom Grill oder einem süßen Zwetschgenkompott!

SEITE 8

WENN DIE TAGE KÜRZER WERDEN

Draußen prasselt der Regen gegen die Fenster, der Wind zerrt an den Ästen. Was gibt es da schöneres als Schokokekse oder Milchreis zu schlemmen? Na, vielleicht ein Spaziergang! Lassen Sie sich vom Wind durchpusten und stärken Sie sich mit einem Brötchen mit Brie und Walnüssen oder wärmen Sie sich danach mit Sauerkrautsuppe auf!

SEITE 50

WENN ICH EINE FREUDE MACHEN MÖCHTE

Wenn es im Herbst etwas ruhiger wird, macht es Freude, die letzte Sommerernte einzukochen oder zu verarbeiten und den Lieben ein schönes Geschenk zu bereiten. Backen Sie würzige Käsecracker, die Sie mit der selbst gemachten Butter al Pesto Rosso servieren. Verschenken Sie süße Brezeln oder legen sie Hagebutten süß-sauer ein.

SEITE 98

WENN ICH LIEBEN BESUCH BEKOMME

An kühlen Abenden sitzen wir gerne gemütlich beieinander. Laden Sie die Lieben zu Besuch ein und servieren Sie ihnen etwas Besonderes. Wie wäre es mit einem Feldsalat mit Maronen vorab oder einer wärmenden Kürbissuppe und einem feinen Fischgratin zur Hauptspeise? Den Abschluss machen zarte Baisers mit Schokoladencreme.

SEITE 132

VORWORT

Der Herbst ist eine wunderbare Zeit. Die goldene Jahreszeit ist großzügig mit einer Fülle an bunt gefärbtem Laub und reifen saftigen Früchten. Die letzten Sonnenstrahlen sind warm und strotzen vor Kraft. Das Wetter im Herbst ist aber auch stürmisch und regnerisch und zum Ende des Herbstes zeigt sich die Natur von ihrer kargen und stillen Seite.

Auch kulinarisch hat die Zeit der Ernte vieles zu bieten: süße Mirabellen, glänzend rote Hagebutten, gelb durch das Laub blitzende Pfifferlinge, prall orangefarbene Kürbisse und viele andere Köstlichkeiten.

Im Spätsommer, wenn die Tage manchmal noch atemberaubend sonnig und mild sind und der Herbst fast den Eindruck erweckt, als wolle er dem Sommer eine Nachhilfelektion erteilen, bin ich gerne draußen, sammle Beeren, Hagebutten und Pilze. Oft lade ich dann zum letzten Picknick oder Grillfest vor dem Winter ein.

Auch bei stürmischem Wetter zieht es mich in die Natur. Ich lasse mir den Wind um die Nase wehen, bestaune das Farbenspiel und die Wildheit der Natur. Mit Glück finde ich noch die eine oder andere Nuss.

Zum Ende des Herbstes, wenn das Laub schon von den Bäumen gefallen ist, genieße ich die eingekehrte Ruhe und die Kargheit. Das ist eine schöne Zeit, um sich mit Freunden und Familie zu einem geselligen Essen zu treffen.

Bei starkem Regen bin ich daheim anzutreffen, beim Einwecken und Kochen der Herbsternte oder einfach nur beim Seele baumeln lassen.

In diesem Buch möchte ich mit Ihnen meine Herbstrezepte teilen. Wie auch in meinem ersten Buch „So schmeckt mein Sommer", habe ich alte Familienrezepte meiner schwedischen Großmutter gesammelt und eigene Rezepte entwickelt. Ich habe wieder Freunde und Bekannte besucht, wir haben zusammen gekocht und geschlemmt und anschließend war ich meist um mindestens ein Lieblingsrezept reicher.

Genießen Sie den Herbst in all seinen Facetten und mit seinem kulinarischen Reichtum!

Es würde mich freuen!

Ihre Marie Langenau

WENN DIE SONNE NOCH MAL RICHTIG SCHEINT

Die Sonne blitzt durch die Bäume und zaubert bunte Muster auf den Boden. Wenn der Spätsommer uns noch Licht und Wärme schenkt, bin ich mit meinen Kindern am liebsten in der Natur. Der Wald und die angrenzenden Felder sind unser Ziel. Dort wachsen am Feldrand alte Mirabellenbäume mit ihren herrlichen roten, gelben und orangefarbenen Früchten. Wir freuen uns auf die Maiskolben, die wir dann mit Freunden grillen. Genießen Sie die letzten Sonnenstrahlen mit den Rezepten in diesem Kapitel.

SALAT

MIT GRANATAPFEL UND REIS

FÜR DEN SALAT

200 g Jasmin- oder Basmatireis
Salz
1 kleiner Römersalat
100 g Rucola
100 g Schafskäse
1 Granatapfel
½ Kästchen Kresse

FÜR DAS DRESSING

6 EL Sonnenblumenöl
4–6 EL Granatapfelsaft
½–1 TL Dijonsenf
1 TL Zucker
Salz
Chiliflocken

20 MIN — X 4

- Den Reis nach Packungsanleitung in Salzwasser garen, bis er weich ist. Den Römersalat putzen, waschen, trocken schleudern und in die einzelnen Blätter trennen. Den Rucola ebenfalls waschen, trocken schleudern und in mundgerechte Stücke zupfen.

- Den Römersalat in einer Schale verteilen, den Rucola mit dem Reis mischen und daraufgeben. Den Schafskäse reiben oder zerkrümeln und über den Salat streuen. Den Granatapfel halbieren, die Kerne mithilfe eines Löffels herauslösen und über den Salat geben. Die Kresse mit einer Schere vom Beet schneiden, in ein Sieb geben, waschen, trocken tupfen und über den Salat streuen.

- Für das Dressing Sonnenblumenöl, Granatapfelsaft, Dijonsenf und Zucker verquirlen und mit Salz und Chiliflocken abschmecken. Über dem Salat verteilen und sofort servieren.

ZUCCHINISCHEIBEN

GEFÜLLT MIT WALNÜSSEN

2 große Zucchini

FÜR DIE FÜLLUNG

1 rote Zwiebel
1 Knoblauchzehe
10 Walnusskerne
2–3 EL Semmelbrösel
3 EL Olivenöl
2 EL frisch gehackte glatte Petersilie
4–6 EL frisch geriebener Parmesan

30 MIN + 18 MIN · X 4

♥ Den Backofen auf 225 °C vorheizen. Ein Backblech mit Backpapier auslegen. Die Zucchini waschen, die Enden abschneiden und die Zucchini in etwa 1 cm dicke Scheiben schneiden. Die Zucchinischeiben mithilfe eines Teelöffels oder Melonenausstechers aushöhlen, sodass 3 mm Rand stehen bleiben. Auf das Backpapier legen.

♥ Das entfernte Zucchinifruchtfleisch klein hacken. Die Zwiebel und die Knoblauchzehe abziehen und fein hacken. Die Walnüsse hacken. Zucchinifruchtfleisch, Zwiebel, Knoblauch und Walnüsse mit Semmelbröseln, Olivenöl, Petersilie und 3–4 EL Parmesan vermischen. Die Mischung in und auf die Zucchinischeiben füllen und mit dem restlichen Parmesan bestreuen. Auf der mittleren Schiene im Backofen 13–18 Minuten backen.

TIPP

Zum Verfeinern 2–3 TL Balsamicoessig in die Zucchinifüllung geben. Dazu passt das Kartoffelpüree mit Spinat und Erdnüssen (Rezept siehe Seite 72).

PAPRIKA

GEFÜLLT MIT HACKFLEISCH

4 große bunte Paprika

FÜR DIE FÜLLUNG

2 Zwiebeln
500 g Tomaten
4 EL Sonnenblumenöl
400 g gemischtes Hackfleisch
2 EL Tomatenmark
Salz
frisch gemahlener Pfeffer
1–2 TL getr. Kräuter der Provence
200 ml Sahne (mind. 30% Fett)
150 ml Gemüsebrühe

35 MIN + 45 MIN X 4

♥ Die Paprika waschen, von jeder Schote einen Deckel abschneiden, Samen und Scheidewände entfernen. Den Backofen auf 200 °C vorheizen.

♥ Die Zwiebeln abziehen und in kleine Würfel schneiden. Die Tomaten waschen und klein schneiden. In einer Pfanne 2 EL Sonnenblumenöl erhitzen und die Zwiebeln darin glasig anschwitzen. Die Hälfte der Zwiebeln aus der Pfanne nehmen und zur Seite stellen. Das restliche Öl in die Pfanne geben und das Hackfleisch krümelig anbraten. Die Hälfte der Tomaten zusammen mit dem Tomatenmark dazugeben und 3–5 Minuten mitbraten. Mit Salz, Pfeffer und Kräutern der Provence abschmecken. Die Paprika in eine feuerfeste Auflaufform stellen, das Hackfleisch in die Paprika füllen und die abgeschnittenen Deckel auflegen.

♥ Die restlichen Zwiebeln und Tomaten in die Pfanne geben, mit Schlagsahne und Gemüsebrühe aufgießen, kurz aufkochen lassen und in die Auflaufform gießen. Auf der mittleren Schiene im Backofen 40–45 Minuten backen.

TIPP

Falls die Paprika zu dunkel werden, mit Alufolie abdecken.

ROTE LINSEN
NACH RUTHS ART

FÜR DIE LINSEN
300 g rote Linsen
500 ml Apfelsaft
500 ml Gemüsebrühe
1 unbehandelte Zitrone
1 Prise Zimt
1 Prise Cayennepfeffer
2 EL Butter

ZUM BESTREUEN
6–8 Aprikosen
5 getrocknete Pflaumen
4–5 Stängel Basilikum

35 MIN X 4

Die roten Linsen in einem Sieb mit kaltem Wasser abbrausen, bis das Wasser klar ist. Die Linsen gut abtropfen lassen. Mit dem Apfelsaft und der Gemüsebrühe in einem großen Topf zum Kochen bringen und bei mittlerer Temperatur etwa 20 Minuten weich kochen, dabei gelegentlich umrühren.

Die Zitrone heiß waschen, mit dem Sparschäler nach Belieben 2–3 Streifen abschälen und zu den Linsen geben. Mit Zimt und Cayennepfeffer abschmecken. Die Butter unterrühren und schmelzen lassen.

Die getrockneten Aprikosen und Pflaumen in dünne Streifen schneiden. Das Basilikum waschen, trocken schütteln, die Blättchen abzupfen und in dünne Streifen schneiden. Die roten Linsen in Schüsseln füllen, mit Trockenobst und Basilikum bestreuen und servieren.

TIPP

Das Gericht eignet sich als kleine Mahlzeit für zwischendurch oder als Beilage z. B. für Fisch.

KAROTTENBROT

MIT MEERSALZ

♥ Mehl und Salz in einer Schüssel vermischen. Die Hefe zuerst in 50 ml lauwarmen Wasser auflösen, dann mit 220 ml Wasser auffüllen und unter Rühren zum Mehl geben. Alles zunächst mit den Knethaken des Handrührgeräts, dann mit den Händen 7–8 Minuten zu einem glatten Teig verarbeiten. Eventuell mehr Mehl oder Wasser hinzufügen. Den Hefeteig abgedeckt an einem warmen Ort 30–40 Minuten gehen lassen, bis sich das Volumen verdoppelt hat.

♥ Den Backofen auf 200 °C vorheizen. Ein Backblech mit Backpapier auslegen. Die Karotten putzen, schälen und raspeln. Die Karottenraspel zum Teig geben und alles sehr gut durchkneten. Den Teig zu 14 Kugeln formen. Jeweils sieben Kugeln auf dem Backblech zu einem Brot zusammenfügen und abgedeckt für weitere 15 Minuten gehen lassen. Beide Karottenbrote mit Milch bepinseln und mit Meersalz bestreuen. Auf der mittleren Schiene im Backofen 30–35 Minuten goldbraun backen.

FÜR DEN TEIG
500 g Mehl (Type 550)
1 TL Salz
20 g frische Hefe
100 g Karotten

Milch zum Bepinseln

ZUM BESTREUEN
grobes Meersalz

20 MIN + 90 MIN
X 4 (2 BROTE)

TIPP

Nach Belieben können die Karottenbrote auch mit Sesam, Mohn o. Ä. bestreut werden.

4 Maiskolben

FÜR DIE MARINADE
2 Knoblauchzehen
4 EL Olivenöl
2–3 EL Sojasauce
Salz
frisch gemahlener Pfeffer
Chiliflocken

20 MIN + 13 MIN X 4

MAISKOLBEN

VOM GRILL

Die Maiskolben waschen, die Blätter entfernen oder mit einer kleinen Schnur zurückbinden. In einem Topf mit reichlich Wasser etwa 15 Minuten kochen, bis die Maiskörner weich sind. Falls die Blätter nicht entfernt werden, am besten einen Topf wählen, in dem die Kolben aufrecht stehen und die Blätter herausragen können.

Inzwischen für die Marinade die Knoblauchzehen abziehen und fein hacken. Mit dem Olivenöl und der Sojasauce verquirlen und mit Salz, Pfeffer und Chiliflocken abschmecken.

Die Maiskolben aus dem Topf nehmen, trocken tupfen und mit der Marinade bepinseln. Den Grill anheizen, die Maiskolben auf die Außenkante des Grills legen und 8–13 Minuten grillen. Dabei mehrfach drehen und wiederholt mit Marinade bestreichen. Falls die Blätter am Mais bleiben, darauf achten, dass sie kein Feuer fangen.

TIPP

Die Maiskolben können auch ohne Vorkochen gegrillt werden, dabei verlängert sich die Grillzeit auf 25–30 Minuten.

KARTOFFELAUFLAUF
MIT MIRABELLEN

600 g festkochende Kartoffeln
Salz
frisch gemahlener Pfeffer
2 Zwiebeln
2 Knoblauchzehen
2 EL Olivenöl
2 EL Butter
1 Ei
200 ml Sahne (mind. 30 % Fett)
80 g Emmentaler
10 Cocktailtomaten
10 Mirabellen
30 g Parmesan, gehobelt

Butter für die Auflaufform

35 MIN + 40 MIN X 4

♥ Die Kartoffeln waschen und etwa 20 Minuten in Salzwasser kochen, bis sie knapp gar sind. Den Backofen auf 180 °C vorheizen. Die Kartoffeln abgießen, mit kaltem Wasser abschrecken, pellen und in Scheiben schneiden. Eine ofenfeste Auflaufform buttern und die Kartoffeln in die Form schichten. Salzen und pfeffern.

♥ Die Zwiebeln und Knoblauchzehen abziehen, die Zwiebeln in Ringe schneiden und die Knoblauchzehen fein hacken. Olivenöl und Butter in einer Pfanne erhitzen, Zwiebeln und Knoblauch darin anschwitzen. Das Ei mit der Sahne verquirlen und die Zwiebel-Knoblauch-Mischung unterrühren. Alles über die Kartoffeln gießen. Nochmals mit Salz und Pfeffer würzen. Den Emmentaler reiben und über den Auflauf streuen.

♥ Die Cocktailtomaten und Mirabellen waschen und halbieren. Die Mirabellen entsteinen und mit den Tomaten über den Kartoffeln verteilen. Zum Schluss den Auflauf mit dem gehobelten Parmesan bestreuen und auf der mittleren Schiene im Backofen 30–40 Minuten backen.

DIE LETZTEN WÄRMENDEN
SONNENSTRAHLEN EIN-
FANGEN UND GENIESSEN.

KARTOFFELN

VOM GRILL, MIT EIERCREME

800 g mittelgroße
festkochende Kartoffeln

FÜR DIE EIERCREME
3 Eier
200 g Crème fraîche
250 g Sahnequark
150 g Sauerrahm
1–2 TL Mayonnaise
1 TL Balsamicoessig
1 Prise Zucker
Salz
frisch gemahlener Pfeffer
1–2 EL frisch gehackter Thymian
oder getr. Kräuter der Provence

25 MIN + 20 MIN X 4

- Die Kartoffeln abbürsten, waschen und in einem Topf bei mittlerer Temperatur 10–20 Minuten vorkochen. Die Kartoffeln abgießen, kurz abkühlen lassen und in Aluminiumfolie wickeln. Den Grill anheizen, die Kartoffeln in die Glut legen und 10–20 Minuten backen.

- Für die Eiercreme die Eier am flachen Ende einstechen. In sprudelnd kochendem Wasser 10–12 Minuten hart kochen. Die Eier kalt abschrecken und ein wenig abkühlen lassen. Die Schale abpellen und die Eier klein hacken.

- In einer Schüssel Crème fraîche, Sahnequark, Sauerrahm, Mayonnaise und Balsamicoessig gut verrühren. Mit Zucker, Salz, Pfeffer und den Kräutern abschmecken. Die klein gehackten Eier vorsichtig unterheben. Die Kartoffeln von der Aluminiumfolie befreien, aufschneiden und mit der Eiercreme servieren.

KARTOFFELMUS

NACH KATTIS ART

800 g mehligkochende Kartoffeln
Salz
2 EL Butter
1–2 EL Milch, nach Bedarf
8 Scheiben Bacon (Frühstücksspeck)
1½ EL Semmelbrösel
1½ EL frisch geriebener Parmesan
frisch gemahlener Pfeffer
1 rote Chilischote

Butter für die Muffinform

30 MIN + 30 MIN X 4

♥ Die Kartoffeln schälen, halbieren und in reichlich Salzwasser bei mittlerer Temperatur 15–20 Minuten gar kochen. Vom Kochwasser 2 EL abnehmen und beiseitestellen. Die Kartoffeln abgießen, ausdampfen lassen und mithilfe eines Kartoffelstampfers zerdrücken. Die Butter, das Kartoffelwasser und nach Bedarf die Milch unterrühren, bis ein glattes Kartoffelmus entstanden ist.

♥ Den Backofen auf 200 °C vorheizen. Insgesamt acht Mulden einer Muffinform buttern. Jeweils eine Scheibe Bacon ringförmig in die Mulden legen und leicht andrücken. Das Kartoffelmus auf die Mulden verteilen. Die Semmelbrösel mit dem Parmesan vermischen und darüberstreuen. Mit Pfeffer würzen. Die Chilischote waschen, trocken tupfen, in Ringe schneiden und je einen Ring pro Mulde auf das Kartoffelmus geben. Auf der mittleren Schiene im Backofen 25–30 Minuten backen.

TIPP

Schmeckt sehr gut zu Wild oder anderem Fleisch.

6 Pitabrote

FÜR DIE LACHSCREME
150 g Lachsfilet
oder Räucherlachs in Scheiben
300 g Joghurt nach griechischer Art
3 EL Sauerrahm
1 EL Mayonnaise
1 Prise Zucker
Salz
frisch gemahlener Pfeffer
1–2 TL getrockneter Majoran

ZUM BESTREUEN
6–8 Stängel glatte Petersilie

25 MIN X3 (6 BROTE)

PITABROT

VOM GRILL, MIT LACHSCREME

♥ Das Lachsfilet waschen und trocken tupfen. In einem Topf etwa 1,5 l Wasser zum Sieden bringen, den Topf von der Herdplatte nehmen und den Lachs mithilfe einer Schaumkelle hineingeben. Der Fisch sollte gut mit Wasser bedeckt sein. Den Topf zurück auf den Herd stellen und den Fisch bei geringer Temperatur 10–15 Minuten gar ziehen lassen. Das Lachsfilet herausnehmen und klein schneiden. Bei geräuchertem Lachs diesen in kleine Stücke schneiden.

♥ In einer Schüssel Joghurt, Sauerrahm und Mayonnaise vermischen und mit Zucker, Salz, Pfeffer und Majoran abschmecken. Den Fisch vorsichtig unterheben.

♥ Den Grill anheizen und die Pitabrote von beiden Seiten vorsichtig rösten. Die Brote aufschneiden und mit der Fischcreme füllen. Die Petersilie waschen, trocken schütteln, die Blättchen abzupfen und in dünne Streifen schneiden. Die Lachscreme damit garnieren.

TIPP

Die Pitabrote können auch schnell und einfach im Toaster geröstet werden.

FLADENBROT

MIT ROTEN ZWIEBELN

FÜR DEN TEIG
450 g Mehl
1 Päckchen Trockenhefe
1 Prise Salz
3 EL Olivenöl

FÜR DEN BELAG
300 g Sauerrahm
3–4 mittelgroße rote Zwiebeln
2–3 Frühlingszwiebeln
200 g Bacon in Scheiben (Frühstücksspeck)
Salz
frisch gemahlener Pfeffer
2–3 TL getr. Kräuter der Provence

30 MIN + 60 MIN
X 4 (2 BROTE)

♥ Das Mehl mit der Trockenhefe und dem Salz mischen, das Olivenöl und 250 ml Wasser hinzufügen. Mit den Händen 6–8 Minuten zu einem glatten Teig verarbeiten, eventuell etwas mehr Wasser hinzufügen. Den Teig zugedeckt an einem warmen Ort 35–40 Minuten gehen lassen, bis sich das Volumen verdoppelt hat.

♥ Den Backofen auf 230 °C vorheizen. Zwei Backbleche mit Backpapier auslegen. Den Teig nochmals durchkneten und halbieren. Jede Teighälfte dünn ausrollen und jeweils auf ein Backblech legen. Den Sauerrahm auf die Fladen verteilen und verstreichen.

♥ Die Zwiebeln abziehen und in dünne Ringe schneiden. Von den Frühlingszwiebeln die äußere Schicht abziehen, die Frühlingszwiebeln waschen, trocken schütteln und ebenfalls in dünne Ringe schneiden. Die Baconscheiben in dünne Streifen schneiden. Alles auf beiden Fladen verteilen. Mit Salz, Pfeffer und Kräutern der Provence würzen. Auf der unteren Schiene im Backofen 15–20 Minuten backen.

2 große Yufkateigblätter
(hauchdünne türkische Teigblätter)
2–3 EL Olivenöl

FÜR DIE FÜLLUNG
200 g Schafskäse
200 g Cocktailtomaten
1 Bund glatte Petersilie
80 g Parmesan, gerieben
einige Zweige frischer Oregano

25 MIN + 25 MIN
X4 (1 YUFKATASCHE)

YUFKATASCHE

MIT SCHAFSKÄSE UND TOMATEN

♥ Den Backofen auf 200 °C vorheizen. Ein Backblech mit Backpapier auslegen. Ein Yufkateigblatt glatt auf das Backblech legen, das zweite Teigblatt genau darüberlegen. Die Oberfläche mit 2 EL Olivenöl bepinseln.

♥ Den Schafskäse in kleine Würfel schneiden und mittig auf den Teigblättern verteilen. Dabei einen Rand rundherum frei lassen, denn die Seiten werden später übereinandergeschlagen.

♥ Die Tomaten waschen und halbieren. Die Petersilie waschen, trocken schütteln, die Blättchen abzupfen und in dünne Streifen schneiden. Zusammen mit den Tomaten über dem Schafskäse verteilen. Die langen Seiten einschlagen, anschließend die kurzen Seiten jeweils bis zur Mitte darüberklappen und so die Yufkatasche schließen. Mit dem restlichen Öl bepinseln und den Parmesan darüber verteilen. Auf der mittleren Schiene im Backofen 20–25 Minuten backen. Den Oregano waschen, trocken schütteln und die Yufkatasche damit garnieren.

TIPP

Yufkateigblätter erhält man in türkischen Lebensmittelläden.

DIE STOPPELFELDER
ZAUBERN EINEN GOLDENEN
SCHIMMER INS LAND.

3–4 Birnen
3–4 Äpfel
2–3 EL Pinienkerne

FÜR DIE KARAMELLSAUCE
200 g Zucker
200 ml heller Rübensirup
200 ml Sahne (mind. 30% Fett)
100 g Zartbitterschokolade

30 MIN X 4

BIRNEN- & APFELRINGE

MIT KARAMELLSAUCE

♥ Birnen und Äpfel waschen und trocken tupfen, aber nicht schälen. Mit einem Kernhausausstecher das Kerngehäuse der Äpfel entfernen und in etwa 1 cm dicke Ringe schneiden. Die Birnen ebenfalls in etwa 1 cm dicke Ringe schneiden, das Kerngehäuse herausschneiden.

♥ Für die Karamellsauce Zucker, Sirup und Schlagsahne in einem dickwandigen Topf verrühren und zum Kochen bringen. Ohne Deckel bei geringer Temperatur 10–15 Minuten köcheln lassen, zwischendurch immer wieder umrühren. Die Schokolade in Stücke brechen, einrühren und schmelzen. Die Birnen- und Apfelringe sowie die Pinienkerne dazugeben, auf jeder Seite 2–4 Minuten braten und sofort servieren.

TIPP

Für Birnen- und Apfelringe vom Grill die fertige Karamellsauce in eine feuerfeste Pfanne gießen und nochmals auf dem Grill erhitzen. Die Birnen- und Apfelringe sowie Pinienkerne dazugeben und auf jeder Seite 2–4 Minuten grillen.

MIRABELLENKUCHEN

MIT BROMBEEREN UND KÜRBISKERNEN

Margarine und Mehl für die Form

FÜR DEN TEIG
120 g Margarine
120 g Zucker
3 Eier
220 g Mehl
2 TL Backpulver
1-1½ EL frischer Limettensaft

FÜR DEN BELAG
500 g Mirabellen
1–2 EL frische Brombeeren
1–2 EL Kürbiskerne

Puderzucker zum Bestauben

35 MIN + 40 MIN
X 8–10 (1 KUCHEN)

- Den Backofen auf 180 °C vorheizen. Eine Springform (ø 26 cm) mit Margarine ausfetten und leicht mehlen. Für den Teig die Margarine mit dem Zucker schaumig schlagen. Die Eier nach und nach unterrühren. Mehl und Backpulver vermischen und mit dem Limettensaft abwechselnd unterrühren, bis ein glatter Teig entstanden ist. Nach Bedarf noch etwas Wasser dazugeben. Den Teig in die Springform füllen.

- Die Mirabellen waschen, halbieren und entsteinen. Die Brombeeren verlesen, waschen und abtropfen lassen. Mirabellen und Brombeeren auf dem Teig verteilen und die Kürbiskerne gleichmäßig darüberstreuen. Auf der mittleren Schiene im Backofen 30–35 Minuten backen. Anschließend auf einem Gitterrost 5 Minuten abkühlen lassen. Aus der Form nehmen und mit Puderzucker bestauben.

APFELKUCHEN

MIT MARZIPAN

Den Backofen auf 175 °C vorheizen. Eine Auflaufform (36 x 24 cm) mit Backpapier auslegen. Die Marzipanrohmasse grob raspeln und mit Butter und Zucker schaumig schlagen. Die Eier nach und nach unterrühren. Mehl und Backpulver vermischen und mit der Sahne abwechselnd unterrühren, bis ein glatter Teig entstanden ist. Zuletzt den Limettensaft einrühren. Den Teig in die Auflaufform füllen.

Das Obst waschen. Mit einem Kernhausausstecher das Kerngehäuse der Äpfel entfernen und die Äpfel in dünne Ringe schneiden. Die Zwetschgen längs aufschneiden, entsteinen und in Scheiben schneiden. Die Mirabellen halbieren und entsteinen. Äpfel, Zwetschgen, Mirabellen und Weintrauben auf dem Teig verteilen und mit Hagelzucker bestreuen. Die Pistazien hacken und gleichmäßig darüberstreuen. Auf der mittleren Schiene im Backofen 40–45 Minuten backen. Den Kuchen herausnehmen, die Apfelringe mit Konfitüre bestreichen und weitere 5 Minuten backen. Anschließend 5 Minuten abkühlen lassen und direkt aus der Form servieren.

FÜR DEN TEIG

100 g Marzipanrohmasse
90 g weiche Butter
130 g Zucker
3 Eier
300 g Mehl
2 TL Backpulver
90 ml Sahne (mind. 30% Fett)
Saft von 1 Limette

FÜR DEN BELAG

2 kleine Äpfel
6 Zwetschgen
10–12 Mirabellen
50 g kleine kernlose Weintrauben
3–4 EL Hagelzucker
½ EL geröstete, gesalzene Pistazien
1–2 EL Konfitüre
(z. B. aus Aprikosen oder Himbeeren)

40 MIN + 55 MIN
X 10–12 (1 KUCHEN)

TIPP

Dazu schmeckt leicht geschlagene Sahne sehr fein.

FÜR DAS KOMPOTT
1 kg Zwetschgen
2–4 EL Zucker
2–3 EL Limettensaft
2 EL Kartoffelstärke
¼ TL Zimt

FÜR DIE DEKORATION
50 g Marzipanrohmasse
200 ml Sahne (mind. 30% Fett)
3–4 EL gehobelte Mandeln

30 MIN X 4

KOMPOTT
MIT ZWETSCHGEN UND MIT MARZIPANRASPEL

♥ Die Zwetschgen waschen, halbieren, entsteinen und klein schneiden. Die Früchte mit dem Zucker und dem Limettensaft in einen großen Topf geben. Zum Kochen bringen und bei geringer Temperatur 10–12 Minuten köcheln lassen. Inzwischen die Kartoffelstärke mit etwas Wasser verrühren.

♥ Das Zwetschgenkompott mit Zimt abschmecken. Die mit Wasser verrührte Kartoffelstärke zum Kompott geben und unter Rühren nochmals kurz aufkochen lassen. Das Zwetschgenkompott in eine Schüssel füllen und etwas abkühlen lassen. Die Marzipanrohmasse grob raspeln. Die Schlagsahne steif schlagen. Das lauwarme Zwetschgenkompott mit den Marzipanraspel und der Schlagsahne garnieren. Zuletzt mit den Mandeln bestreuen und sofort servieren.

100 g Butter
80 g Zucker
1 TL Vanillezucker
2 EL heller Sirup
110 g Mehl
½ TL Backpulver
2 EL Kakaopulver

25 MIN + 50 MIN   X 25–30

GEBÄCK

SCHOKOLADE-KARAMELL

♥ Den Backofen auf 175 °C vorheizen. Ein Backblech mit Backpapier auslegen. Butter, Zucker, Vanillezucker und Sirup mit den Knethaken des Handrührgeräts cremig rühren. Das Mehl mit dem Back- und Kakaopulver vermischen, dazugeben und alles zu einem glatten Teig verkneten.

♥ Den Teig in Frischhaltefolie gewickelt etwa 30 Minuten kalt stellen. Anschließend den Teig halbieren und jeweils zu etwa 22 cm langen Rollen formen. Die Rollen mit viel Abstand auf das Backblech legen und etwa 5 mm dick ausrollen. Es entstehen zwei etwa 22 x 6 cm große Rechtecke. Das Gebäck auf der mittleren Schiene im Backofen 16–19 Minuten backen. Noch warm in schräge, gleich große Streifen schneiden. Auf dem Backblech komplett auskühlen lassen.

SCHOKOKUGELN

GANZ GEMÜTLICH

100 g weiche Butter oder Margarine
125 g Zucker
1 TL Vanillezucker
100 g Mehl
3 EL Kakaopulver

25 MIN + 2 STD + 12 STD
X 30

Den Backofen auf 50–75 °C vorheizen. Ein Backblech mit Backpapier auslegen. Die weiche Butter oder Margarine cremig aufschlagen. Zucker, Vanillezucker, Mehl und Kakaopulver dazugeben und zunächst mit den Knethaken des Handrührgeräts, dann mit den Händen zu einem glatten Teig verarbeiten.

Den Teig zu etwa 30 kleinen Kugeln formen und auf das Backpapier legen. Auf der mittleren Schiene im Backofen 2 Stunden trocknen lassen. Anschließend den Backofen ausschalten und die Kugeln über Nacht (10 12 Stunden) darin stehen lassen.

WENN DIE TAGE KÜRZER WERDEN

Machen Sie es sich bei Schmuddelwetter daheim mit Wolldecke, dicken Socken und einem guten Buch gemütlich und genießen Sie wärmende Suppen und Eintöpfe. Oder ziehen Sie sich warm an, spazieren durch die bunt gefärbten Wälder und lassen sich den Wind um die Nase wehen. Entdecken Sie die letzten Hagebutten, Nüsse oder großen Kürbisse auf dem Feld und lassen Sie sich von den Rezepten in diesem Kapitel inspirieren!

ROTE-BETE-SALAT

MIT BALSAMICOSCHALOTTEN

4 mittelgroße Rote Beten
1 mittelgroße Schalotte
1 EL Butter
1 EL brauner Zucker
10 EL Balsamicoessig
Salz
frisch gemahlener Pfeffer

20 MIN + 60 MIN X 4

♥ Die Roten Beten unter fließendem Wasser gründlich waschen und mit Schale 45–60 Minuten bei mittlerer Temperatur weich kochen. Die Beten etwas abkühlen lassen, schälen, halbieren und in 2 mm dünne Scheiben schneiden.

♥ Die Schalotte abziehen und fein hacken. Die Butter in einer Pfanne erhitzen, die Schalotte darin anschwitzen, den Zucker dazugeben und bei mittlerer Temperatur 3–4 Minuten karamellisieren. Mit Balsamicoessig ablöschen und mit Salz und Pfeffer abschmecken. Die Sauce über die Roten Beten geben und servieren.

TIPP

Einmalhandschuhe verwenden, da die Roten Beten stark abfärben. Die Knollen können schon am Vortag gekocht werden. Der Salat schmeckt auch sehr gut, wenn er einen Tag durchzieht.

30 g Feldsalat
12 Walnusskerne
250–300 g Brie
4 Vollkornbrötchen
4 EL heller Sirup
4 TL eingelegte Preiselbeeren

12 MIN X 4

BRÖTCHEN

MIT BRIE UND WALNÜSSEN

♥ Den Feldsalat gründlich waschen, trocken schleudern und die Wurzeln entfernen. Die Walnüsse hacken und den Brie in Scheiben schneiden.

♥ Die Vollkornbrötchen halbieren und den Feldsalat auf die unteren Hälften der Brötchen verteilen. Den Käse auf den Salat legen, je 1 EL Sirup, 1 TL Preiselbeeren sowie die Walnüsse darauf verteilen. Die oberen Hälften der Brötchen auflegen, dabei leicht andrücken, und servieren.

KARTOFFELSUPPE

NACH MAGDALENAS ART

FÜR DIE KARTOFFELSUPPE
1 Zwiebel
2 Knoblauchzehen
2 kg mehligkochende Kartoffeln
3 Karotten
3 Stangen Sellerie
3 EL Olivenöl
1,5–2 l Gemüsebrühe
2 Lorbeerblätter
½–1 TL Koriander
2 TL Salz
½–1 TL Kreuzkümmel
1–2 TL frisch gehackter Thymian

45 MIN X 6–8

FÜR DIE CHAMPIGNONS
200 g Champignons
1–2 EL Olivenöl
½ Bund glatte Petersilie
Salz
frisch gemahlener Pfeffer

15 MIN X 6–8

FÜR DIE SPECKWÜRFEL
½ EL Olivenöl
100 g Speckwürfel

10 MIN X 6–8

♥ Zwiebel und Knoblauchzehen abziehen und klein hacken. Kartoffeln und Karotten schälen und klein schneiden. Den Sellerie waschen, putzen und wenn nötig die harten Fäden an der Außenseite abziehen. Die Stangen in schmale Stücke schneiden.

♥ Das Olivenöl in einem großen Topf erhitzen und alles darin etwa 5 Minuten anschwitzen. Die Brühe aufgießen, die Lorbeerblätter dazugeben und die Suppe bei geringer Temperatur 20–30 Minuten köcheln lassen. Die Lorbeerblätter entfernen und mit einem Pürierstab grob pürieren. Mit Koriander, Salz und Kreuzkümmel abschmecken. Mit Thymian bestreut servieren.

FOLGENDE EINLAGEN
(SIEHE AUCH SEITE 59)
ZUR KARTOFFELSUPPE SERVIEREN:

GEBRATENE CHAMPIGNONS

♥ Die Champignons putzen und in Scheiben schneiden. Das Olivenöl in einer Pfanne erhitzen und die Champignons darin 5–10 Minuten anbraten, dabei mehrfach wenden. Die Petersilie waschen, trocken schütteln, die Blättchen abzupfen und klein hacken. Die gebratenen Champignons mit Salz und Pfeffer würzen, die Petersilie darüberstreuen und in einem Schälchen zur Kartoffelsuppe servieren.

KNRUSPRIGE SPECKWÜRFEL

♥ Das Olivenöl in einer Pfanne erhitzen, die Speckwürfel rundherum 4–7 Minuten kross anbraten. In einem Schälchen zur Kartoffelsuppe reichen.

GEBRATENE ENTENBRUST

FÜR DIE ENTENBRUST
200 g Entenbrust
Salz
frisch gemahlener Pfeffer
1 TL bunte Pfefferkörner

15 MIN X 6–8

- Die Entenbrust kalt abwaschen, trocken tupfen und die Haut kreuzweise mit einem scharfen Messer einschneiden. Mit Salz und Pfeffer würzen.

- In einer Pfanne ohne Fett bei hoher Temperatur auf der Hautseite 6–8 Minuten kräftig anbraten. Anschließend die Temperatur reduzieren, die Entenbrust wenden und 4–6 Minuten fertig garen. Die Entenbrust braucht kein extra Fett, da die Haut mitgebraten wird. Danach in Streifen schneiden, mit bunten Pfefferkörnern würzen und in einem Schälchen zur Kartoffelsuppe (siehe Seite 56) reichen.

GEBRATENE SHRIMPS

FÜR DIE SHRIMPS
1 Knoblauchzehe
2–3 EL Olivenöl
200 g Shrimps (tiefgefroren)
Salz
1–2 TL frischer Zitronensaft
2–3 Scheiben von
1 unbehandelten Zitrone

10 MIN X 6–8

- Die Knoblauchzehe abziehen und durch eine Presse drücken. Das Olivenöl in einer Pfanne erhitzen. Die zerdrückte Knoblauchzehe zusammen mit den Shrimps in die Pfanne geben und von beiden Seiten 3–6 Minuten braten. Mit Salz und Zitronensaft abschmecken. In ein Schälchen geben, mit Zitronenscheiben garnieren und zur Kartoffelsuppe (siehe Seite 56) reichen.

SAUERKRAUTSUPPE

NACH RUTHS ART

♥ Die Zwiebel abziehen und fein hacken. Das Öl in einem großen Topf erhitzen und die Zwiebel darin anschwitzen. Mit 100 ml Gemüsebrühe ablöschen. Das Sauerkraut dazugeben und mit der restlichen Brühe auffüllen. Zucker, Dijonsenf, Pfefferkörner und Lorbeerblätter unterrühren und bei mittlerer Temperatur 30 Minuten köcheln lassen.

♥ Den Topf von der Herdplatte nehmen, die Lorbeerblätter und nach Belieben die Pfefferkörner entfernen. Crème fraîche einrühren und die Suppe mit einem Pürierstab pürieren. Mit Salz und Paprikapulver abschmecken. Die Suppe in Schälchen füllen, mit den Karottenraspeln bestreuen und sofort servieren.

FÜR DIE SUPPE

1 Zwiebel
1 EL Olivenöl
850 ml Gemüsebrühe
1 Dose Sauerkraut (800 g)
1 Prise Zucker
2 TL Dijonsenf
10 bunte Pfefferkörner
2–3 Lorbeerblätter
100–150 g Crème fraîche
Salz
Paprikapulver

ZUM BESTREUEN

1 Karotte, geraspelt

45 MIN X 4

2 Zwiebeln
1 Knoblauchzehe
400 g Pfifferlinge
2 EL Butter
Salz
frisch gemahlener Pfeffer
400 ml Gemüsebrühe
250 ml Sahne (mind. 30 % Fett)
1–2 TL frisch gehackter Thymian

30 MIN X 4

PFIFFERLINGSUPPE

MIT THYMIAN

♥ Die Zwiebeln und die Knoblauchzehe abziehen und klein würfeln. Die Pfifferlinge verlesen, putzen und größere Pilze klein schneiden. Die Butter in einem Topf erhitzen, Zwiebeln und Knoblauch darin 3–5 Minuten anschwitzen. Die Pfifferlinge zugeben und 4–7 Minuten mitbraten. Mit Salz und Pfeffer würzen. Von der Pilz-Zwiebel-Mischung 4 EL abnehmen und zur Seite stellen.

♥ Die Gemüsebrühe und die Sahne dazugeben und bei mittlerer Temperatur 8–11 Minuten köcheln lassen. Die Suppe mit einem Pürierstab pürieren und mit Thymian, Salz und Pfeffer abschmecken. Die Suppe in Schälchen anrichten und mit je 1 EL Pfifferling-Zwiebel-Mischung servieren.

FRÜHNEBEL HÄLT DIE
FELDER UMHÜLLT,
WIR GENIESSEN DIE STILLE.

800 g festkochende Kartoffeln
Salz
250 g Pfifferlinge
1 Zwiebel
2 EL Butter
200 ml Sahne (mind. 30% Fett)
frisch gemahlener Pfeffer
10 Cocktailtomaten

40 MIN X 4

PFIFFERLINGE

MIT KARTOFFELN

- Die Kartoffeln schälen und in einem großen Topf mit Salzwasser 20–30 Minuten gar kochen. Die Pfifferlinge verlesen und pcße Pilze in kleinere Stücke schneiden. Die Zwiebel abziehen und fein hacken. In einer Pfanne 1 EL Butter erhitzen, die Zwiebel darin glasig anschwitzen, aus der Pfanne nehmen und zur Seite stellen.

- Die restliche Butter in der Pfanne erhitzen, die Pfifferlinge darin anbraten, bis nur noch wenig Flüssigkeit austritt. Die Schlagsahne und die angebratenen Zwiebeln dazugeben, mit Salz und Pfeffer abschmecken.

- Die Kartoffeln abgießen, kurz ausdampfen lassen, in kleine Stücke schneiden. Die Cocktailtomaten waschen und halbieren oder vierteln. Kartoffeln und Tomaten vorsichtig unter die Pfifferlinge heben und sofort servieren.

TIPP

Dazu schmeckt ein kräftiges Brot.

KARTOFFELN

MIT SPINAT-GORGONZOLA-SAUCE

800 g festkochende Kartoffeln
Salz

FÜR DIE SAUCE
2 Zwiebeln
3 Knoblauchzehen
2 EL Olivenöl
200 ml Gemüsebrühe
400 g fein gehackter, junger Spinat (tiefgefroren)
150 ml Sahne (mind. 30% Fett)
200 g Gorgonzola
Salz
frisch gemahlener Pfeffer

Butterflöckchen zum Servieren

40 MIN — X 4

♥ Die Kartoffeln unter fließendem Wasser gründlich waschen und in einem großen Topf mit Salzwasser 20–30 Minuten gar kochen. Für die Sauce die Zwiebeln und die Knoblauchzehen abziehen und klein hacken. In einer Pfanne das Olivenöl erhitzen und die Zwiebeln und den Knoblauch 4–6 Minuten anschwitzen. Mit der Gemüsebrühe ablöschen. Den Spinat dazugeben und bei mittlerer Temperatur 3–5 Minuten köcheln lassen.

♥ Die Schlagsahne einrühren. Den Gorgonzola in kleine Stücke schneiden, zugeben und rühren, bis der Käse geschmolzen ist. Mit Salz und Pfeffer würzen. Die Kartoffeln halbieren und die Spinat-Gorgonzola-Sauce darüber verteilen. Sofort mit Butterflöckchen servieren.

TIPP

Die Spinat-Gorgonzola-Sauce schmeckt auch gut zu Nudeln.

PENNE
MIT HACKFLEISCH UND TOMATENSALAT

500 g Penne
Salz

FÜR DIE SAUCE
2 Gemüsezwiebeln
2 Knoblauchzehen
1 EL Olivenöl
500 g gemischtes Hackfleisch
250 ml Tomatensauce
Salz
frisch gemahlener Pfeffer
Chiliflocken

FÜR DEN SALAT
je 6–8 rote und gelbe Cocktailtomaten
2 kleine rote Zwiebeln
Salz
frisch gemahlener Pfeffer

3–4 Stängel glatte Petersilie

30 MIN · X 4

♥ Die Penne in reichlich Salzwasser nach Packungsanleitung bissfest kochen. Die Zwiebeln und die Knoblauchzehen abziehen und klein hacken. Das Olivenöl in einer Pfanne erhitzen, Zwiebeln und Knoblauch darin glasig anschwitzen. Das Hackfleisch dazugeben und krümelig anbraten. Die Tomatensauce unterrühren. Zugedeckt 15–20 Minuten bei geringer Temperatur köcheln lassen. Mit Salz, Pfeffer und Chiliflocken abschmecken.

♥ Für den Salat die Tomaten waschen und halbieren oder vierteln. Die Zwiebeln abziehen und in dünne Ringe schneiden. Alles in eine Schüssel geben und mit Salz und Pfeffer würzen. Die Petersilie waschen, trocken schütteln, die Blättchen abzupfen und in dünne Streifen schneiden.

♥ Die Penne in Schälchen füllen, die Hackfleischsauce und den Tomatensalat darüber verteilen, mit Petersilie bestreuen und sofort servieren.

TIPP

Die Nudeln schmecken auch kalt sehr gut, z. B. beim Picknick.

KARTOFFELPÜREE

MIT SPINAT UND ERDNÜSSEN

650 g mehligkochende Kartoffeln
2 EL Butter
2 EL Milch
200 g feingehackter Spinat (tiefgefroren)
1–2 Knoblauchzehen
Salz
frisch gemahlener Pfeffer
2 EL Erdnüsse
2 EL frisch geriebener Parmesan

8–10 Papierförmchen für Muffins (oder 1 Schale)

30 MIN X 8–10

♥ Die Kartoffeln schälen, halbieren und in einem großen Topf mit Salzwasser 15–20 Minuten gar kochen. Die Kartoffeln abgießen und mit einem Kartoffelstampfer zerdrücken. Butter und Milch dazugeben und rühren, bis ein glattes Kartoffelpüree entstanden ist.

♥ Den gefrorenen Spinat in einen Topf geben und bei geringer Temperatur auftauen lassen. Die Knoblauchzehen abziehen, fein hacken und zum Spinat geben. Das Kartoffelpüree dazugeben und alles gut verrühren. Mit Salz und Pfeffer abschmecken. In die Papierförmchen füllen. Die Erdnüsse in einer Pfanne ohne Fett kurz rösten, klein hacken, zusammen mit dem Parmesan auf dem Spinat-Kartoffelpüree verteilen und sofort servieren.

POMMES FRITES
AUS KARTOFFELN, KÜRBIS UND KAROTTEN

5 Karotten
4 festkochende Kartoffeln
400–500 g Hokkaidokürbis
2 rote Zwiebeln
Salz
frisch gemahlener Pfeffer
3–4 EL Olivenöl
2 EL Kürbis- und/oder Sonnenblumenkerne

35 MIN + 40 MIN X4

♥ Den Backofen auf 200 °C vorheizen. Ein Backblech mit Backpapier auslegen. Die Karotten und die Kartoffeln schälen. Den Kürbis waschen, halbieren, den Stielansatz und die Kerne entfernen. Alles in Längsrichtung wie Pommes frites in gleichmäßige Stäbchen schneiden. Alle Stäbchen auf dem Backblech verteilen. Die Zwiebeln abziehen, achteln und ebenfalls auf dem Blech verteilen. Mit Salz und Pfeffer würzen.

♥ Die Kürbis- und/oder Sonnenblumenkerne in einer Pfanne ohne Fett rösten. Zusammen mit dem Olivenöl auf dem Gemüse verteilen. Auf der mittleren Schiene im Backofen 30–40 Minuten backen.

FLADENBROT

MIT SPECK UND RUCOLA

FÜR DEN TEIG
450 g Mehl
1 Päckchen Trockenhefe
1 Prise Salz
3 EL Olivenöl

FÜR DEN BELAG
300 g Sauerrahm
2–3 rote mittelgroße Zwiebeln
8 Cocktailtomaten
150 g Speckwürfel
100 g Ziegenfrischkäse
¼–½ TL getrockneter Thymian
frisch gemahlener Pfeffer
8 Scheiben Bacon (Frühstücksspeck)
1 Bund Rucola

40 MIN + 60 MIN
X 4 (2 FLADEN)

♥ Das Mehl mit der Trockenhefe und dem Salz mischen, das Olivenöl und 250 ml Wasser hinzufügen. Mit den Händen 6–8 Minuten zu einem glatten Teig verarbeiten, eventuell etwas mehr Wasser hinzufügen. Den Teig abgedeckt an einem warmen Ort 35–40 Minuten gehen lassen, bis sich das Volumen verdoppelt hat. Den Backofen auf 230 °C vorheizen. Zwei Backbleche mit Backpapier auslegen. Den Teig nochmals durchkneten und halbieren. Jede Teighälfte dünn ausrollen und jeweils auf ein Backblech legen. Den Sauerrahm auf beide Fladen verteilen und verstreichen.

♥ Die Zwiebeln abziehen und in dünne Ringe schneiden. Die Tomaten waschen und halbieren. Zwiebeln, Tomaten und Speckwürfel auf den Fladen verteilen. Den Ziegenfrischkäse mit dem Thymian vermischen, mit Pfeffer würzen und als kleine Kleckse auf die Fladen setzen. Auf der unteren Schiene im Backofen 15–20 Minuten backen.

♥ Inzwischen die Baconscheiben in Streifen schneiden und in einer heißen Pfanne ohne Fett von beiden Seiten kross braten, auf einem Küchenpapier abtropfen lassen. Den Rucola waschen und trocken schleudern, die harten Stängel bei Bedarf entfernen. Die Baconstreifen und den Rucola auf den frisch gebackenen Fladen verteilen und sofort servieren.

HIRTENTOPF

NACH BRITTCHENS ART

FÜR DEN HIRTENTOPF
700 g Schweinefleisch
(Schulter oder Schinkenspeck)
2 Zwiebeln
2 grüne Paprika
50 g Butter
1 l Gemüsebrühe
Salz
frisch gemahlener Pfeffer
1–2 TL Paprikapulver
1 Dose geschälte Tomaten (400 g)
2 Knoblauchzehen
2–3 TL getrockneter Majoran
2–3 TL getr. Kräuter der Provence

ZUM BESTREUEN
½ Bund krause Petersilie
6–8 Cocktailtomaten

30 MIN + 60 MIN X 4

♥ Das Fleisch abwaschen, trocken tupfen und in etwa 2 cm große Würfel schneiden. Die Zwiebeln abziehen und ebenfalls klein würfeln. Die Paprika waschen, halbieren, die Samen und Scheidewände entfernen und in grobe Stücke schneiden.

♥ In einem großen Topf die Butter erhitzen und die Zwiebeln glasig anschwitzen. Die Fleischwürfel zugeben und bei hoher Temperatur einige Minuten scharf anbraten. Mit etwas Brühe ablöschen. Mit Salz, Pfeffer und Paprikapulver würzen. Die Paprika, die geschälten Tomaten und die restliche Brühe zufügen. Die Knoblauchzehen abziehen, durch eine Knoblauchpresse drücken und dazugeben. Den Hirtentopf bei geringer Temperatur 45–60 Minuten gar köcheln lassen. Mit Majoran und Kräuter der Provence abschmecken.

♥ Die Petersilie waschen, trocken schütteln, die Blättchen abzupfen und klein hacken. Die Tomaten waschen und halbieren. Den Hirtentopf in Schalen füllen und mit der gehackten Petersilie und den Cocktailtomaten servieren.

LINSENEINTOPF

NACH JUANAS ART

1 Zwiebel
2 Karotten
6–8 mittelgroße festkochende Kartoffeln
80–100 g Chorizo (spanische Wurst)
3–4 EL Olivenöl
500 ml Gemüsebrühe
500 g Tellerlinsen
Salz
8 Cherrytomaten

20 MIN + 40 MIN X6

♥ Die Zwiebel abziehen und klein würfeln. Die Karotten und die Kartoffeln schälen. Die Karotten in dünne Scheiben, die Kartoffeln in etwa 1,5 cm große Würfel schneiden. Die Wurst ebenfalls in dünne Scheiben schneiden.

♥ Das Olivenöl in einem großen Topf erhitzen, die Zwiebeln darin 6–8 Minuten anschwitzen. Karotten und Kartoffeln zugeben und bei hoher Temperatur kurz anbraten. Mit der Gemüsebrühe und 700 ml Wasser ablöschen. Die Wurstscheiben und die Linsen in den Topf geben, umrühren und bei geringer Temperatur etwa 40 Minuten köcheln lassen, bis die Linsen gar sind. Mit Salz abschmecken. Zuletzt die Cherrytomaten waschen, vierteln, in den Topf geben und weitere 5 Minuten köcheln lassen.

TIPP

Den Linseneintopf kann man nach Belieben mit Aceto-Balsamico-Creme verfeinern.

HUI! EINE WINDBÖE NIMMT
MICH MIT AUF IHRE REISE!

HAGEBUTTENSUPPE

MIT MANDELBLÄTTCHEN

FÜR DIE SUPPE

500 g frische Hagebutten
4–6 EL Zucker
1 Zimtstange
2 EL Kartoffelstärke
100 ml Sahne (mind. 30% Fett)

ZUM BESTREUEN

30 g Mandelblättchen

30 MIN + 60 MIN   X 4

- Die Hagebutten waschen, die Stielansätze und Blütenkelche entfernen. Die Früchte aufschneiden, die Kerne und Härchen entfernen. Die Hagebutten anschließend nochmals waschen.

- Die Früchte in einen großen Topf geben, mit etwa 1,25 l Wasser auffüllen und 20 Minuten weich kochen. Im Mixer oder mithilfe eines Pürierstabs pürieren und nach Belieben durch ein Sieb streichen. Das Hagebuttenpüree wieder in einen Topf füllen. Mit dem Zucker und der Zimtstange bei geringer Temperatur 5 6 Minuten köcheln lassen. Die Kartoffelstärke mit etwas Wasser glatt rühren. Den Topf von der Herdplatte nehmen, die Kartoffelstärke zugeben und alles schnell verrühren.

- Die Suppe noch einmal kurz aufkochen lassen und auf Schälchen verteilen. Die Schlagsahne nur leicht aufschlagen und jeweils einen Klecks auf die Suppe geben. Mit den Mandelblättchen bestreuen.

TIPP

Die Suppe schmeckt warm und kalt sehr gut. Beim Säubern der Hagebutten Einweghandschuhe tragen, da die Härchen Juckreiz auslösen können. Die geputzten Hagebutten lassen sich auch prima einfrieren.

PFLAUMENMUS

AUS DEM OFEN

6 kg Pflaumen
500 g Gelierzucker 2:1
4 Zimtstangen

7 Weckgläser (à 200 ml)

40 MIN + 7 STD X 7

♥ Den Backofen auf 150 °C vorheizen. Die Pflaumen waschen, halbieren, entsteinen und im Mixer pürieren. Das Püree in einen ofenfesten Bräter füllen, den Gelierzucker sorgfältig unterrühren und die Zimtstangen dazugeben.

♥ Auf der mittleren Schiene im Backofen 6–7 Stunden einkochen lassen. In den letzten 1,5 Stunden etwa jede halbe Stunde umrühren, da das Pflaumenmus sehr stark eindickt und schnell anbrennen kann. Die Gläser sehr heiß auswaschen und auf einem Küchentuch abtropfen lassen. Das Pflaumenmus heiß in die Gläser füllen und diese sofort mit den Deckeln verschließen.

MILCHREIS

MIT ZIMT UND ZUCKER

FÜR DEN MILCHREIS
150 g Milchreis
1 l Milch
1 Prise Salz
200 ml Sahne (mind. 30% Fett)

ZUM BESTREUEN
½–1 TL Zimt, nach Belieben
4 EL Zucker

35 MIN X 4

♥ Den Milchreis, die Milch und das Salz in einen Topf geben, unter Rühren zum Kochen bringen. Den Milchreis bei geringer Temperatur 25–30 Minuten ausquellen lassen, dabei immer wieder umrühren.

♥ Den Milchreis abkühlen lassen. Inzwischen die Schlagsahne steif schlagen und unter den abgekühlten Milchreis heben. Den Milchreis auf Tassen oder Schälchen verteilen und nach Belieben mit Zimt und Zucker bestreuen.

TIPP

Den Milchreis zusätzlich mit einem Apfelkompott servieren.

DIDRIKSONS 1913

SCHOKOKEKSE

MIT SCHOKOLADENSTÜCKCHEN

100 g weiße Schokolade
300 g Zartbitterschokolade
100 g weiche Butter
175 g Zucker
2 TL Vanillezucker
1 Ei
180 g Mehl
3 EL Kakaopulver
½ TL Natron
1 Prise Salz

30 MIN + 12 MIN X 25

♥ Den Backofen auf 175 °C vorheizen. Ein Backblech mit Backpapier auslegen. Die weiße Schokolade und 150 g Zartbitterschokolade grob hacken und zur Seite stellen. Die restliche Zartbitterschokolade über dem Wasserbad schmelzen.

♥ In einer Schüssel Butter, Zucker und Vanillezucker schaumig schlagen, das Ei hinzufügen und alles gut verrühren. Anschließend die geschmolzene, aber nicht mehr heiße Schokolade einrühren.

♥ Mehl, Kakaopulver, Natron und Salz vermischen und unter die Schokoladenmasse heben. Zuletzt die gehackten Schokoladenstückchen unterrühren. Mit den Händen Kugeln formen und mit großem Abstand auf das Backblech setzen. Mit einem Löffel oder mit der Hand die Kugeln leicht flach drücken. Auf der mittleren Schiene im Backofen 10–12 Minuten backen. Mit dem restlichen Teig genauso verfahren.

200 g weiße Schokolade
oder Zartbitterschokolade
oder Vollmilchschokolade
2 EL Sahne (mind. 30% Fett)

kleine Förmchen
Stiele z. B. aus Holz

20 MIN + 5 STD x 7

TIPP

Ich habe Silikonförmchem in Rosenform verwendet und als Stiele antike Teelöffel vom Flohmarkt benutzt. Bei den Silikonförmchen lässt sich die Schokolade leicht herauslösen. Es eignen sich aber auch kleine Becher aus Plastik.

SCHOKOLADE

AM STIEL

- Kleine Förmchen zum Füllen bereitstellen (siehe Tipp). Die Schokolade mit einem großen Messer grob hacken und zusammen mit der Schlagsahne im Wasserbad schmelzen.

- Die flüssige Schokolade in die Förmchen gießen und mit einem Stiel versehen. Zum Aushärten 4–5 Stunden in den Kühlschrank stellen.

- Zum Lösen der Schokolade die Förmchen kurz unter heißes Wasser halten. Wenn das bei Plastikförmchen nicht reicht, die Förmchen an der Kante aufschneiden und aufbrechen. Als Stiele eignen sich auch Holzstiele für Eis.

KARAMELLBONBONS

MIT MANDELN

180 g Zucker
2 TL Vanillezucker
200 ml heller Sirup
2 EL Butter
200 ml Sahne (mind. 30% Fett)
70 g gehackte Mandeln

kleine Papierförmchen (siehe Tipp)
Zahnstocher

50 MIN | X 60–70

♥ Kleine Förmchen zum Füllen bereitstellen (siehe Tipp). In einem dickwandigen Topf Zucker, Vanillezucker, Sirup, Butter und Schlagsahne zum Kochen bringen. Ohne Deckel bei geringer Temperatur 30–40 Minuten köcheln lassen, bis eine zähflüssige Masse entstanden ist, dabei immer wieder umrühren.

♥ Mithilfe eines Teelöffels einige Tropfen des Karamells in ein Glas mit kaltem Wasser tropfen lassen. Wenn sich der Karamell im Wasser auflöst, einige Minuten weiterköcheln lassen. Lässt sich daraus eine Kugel formen, dann ist der Karamell fertig. Zuletzt die Mandeln einrühren.

♥ Den Karamell in ein kleines Gefäß mit Ausgießer geben und die Förmchen damit zügig füllen, da der Karamell schnell erstarrt. Durch Zugabe von etwas Milch und Wärme wird der Karamell jedoch wieder flüssig. Zum Schluss in jedes Karamellförmchen einen Zahnstocher stecken.

TIPP

Ich habe kleine Muffin-Papierförmchen verwendet, diese glatt gebügelt, zu einer Tülle gedreht und mit einem kleinen Stück Klebeband fixiert. Die Tüllen habe ich während des Einfüllens in Zucker gestellt, damit sie nicht umkippen.

ZWETSCHGENKUCHEN

VOM BLECH

FÜR DEN TEIG

200 g weiche Margarine
175 g Zucker
1 Päckchen Vanillezucker
3 Eier
375 g Mehl
1 TL Backpulver
1 EL frischer Zitronensaft

FÜR DEN BELAG

1 kg Zwetschgen
2–4 EL Hagelzucker, nach Belieben

35 MIN + 30 MIN
X 12 (1 KUCHEN)

♥ Den Backofen auf 200 °C vorheizen. Ein Backblech mit Backpapier auslegen. In einer Schüssel Margarine, Zucker und Vanillezucker schaumig schlagen. Die Eier nach und nach unterrühren. Mehl und Backpulver vermischen und mit dem Zitronensaft unterrühren, bis ein glatter Teig entstanden ist. Eventuell etwas Wasser dazugeben. Den Teig auf dem Backblech verteilen.

♥ Die Zwetschgen waschen, halbieren, entkernen und auf dem Teig verteilen. Auf der mittleren Schiene im Backofen etwa 30 Minuten backen. Aus dem Backofen nehmen und nach Belieben mit Hagelzucker bestreuen.

WENN ICH EINE FREUDE MACHEN MÖCHTE

Ich liebe es, einem lieben Menschen ein Strahlen ins Gesicht zu zaubern. In der düsteren Jahreszeit helfe ich manchmal mit einem kleinen Geschenk nach. Gerne backe und koche ich für Freunde kleine Leckereien wie die Waldfrüchte aus Schokolade und bringe sie ihnen dann mit. Vieles habe ich auch von Freunden selbst geschenkt bekommen, wie die süßen Locken von Steffi. In diesem Kapitel finden Sie viele Ideen, wie auch Sie Ihre Familie und Freunde beschenken können.

BUTTER
AL PESTO ROSSO

1 TL getrockneter Oregano
½ TL Chiliflocken
1 TL Paprikapulver, edelsüß
3 EL Olivenöl
1 kleine Zwiebel
1 Knoblauchzehe
10 in Öl eingelegte getrocknete Tomaten
10 Blätter frisches Basilikum
250 g weiche Butter
Salz
frisch gemahlener Pfeffer

2 Weckgläser (à 150 ml)

15 MIN · X2

♥ Oregano, Chiliflocken und Paprikapulver mit dem Olivenöl verrühren. Zwiebel und Knoblauchzehe abziehen und fein hacken. Die getrockneten Tomaten klein schneiden. Die Basilikumblätter waschen, trocken tupfen und klein hacken.

♥ Alles zusammen mit der zimmerwarmen Butter verrühren, mit Salz und Pfeffer abschmecken und in kleine Weckgläser füllen. Die Butter al Pesto Rosso hält sich im Kühlschrank 3–4 Tage.

TIPP

Die Rote-Pesto-Butter lässt sich in Klarsichtfolie eingepackt sehr gut einfrieren. Passt auch gut als Füllung für die süßen Locken aus Blätterteig (Rezept siehe Seite 117).

TOMATENSAUCE

NACH STEFFIS ART

2 mittelgroße Zwiebeln
3 Knoblauchzehen
5 mittelgroße Tomaten
20 g Butter
2 Dosen Tomatenstücke (à 400 g)
30 Blätter frisches Basilikum
1 TL getrockneter Oregano
1 TL Honig
Salz
frisch gemahlener Pfeffer
1 Prise Chiliflocken

2 Weckgläser (à 200 ml)

20 MIN + 90 MIN X2

♥ Die Zwiebeln und zwei Knoblauchzehen abziehen und fein hacken. Die Tomaten waschen und klein schneiden. Die Butter in einem Topf bei hoher Temperatur erhitzen und die Zwiebeln glasig anschwitzen. Die Tomaten und den Knoblauch dazugeben und alles 5 Minuten schmoren lassen. Anschließend die Temperatur reduzieren und die Dosentomaten dazugeben.

♥ Die Basilikumblätter waschen, trocken tupfen und klein hacken. Die Hälfte des Basilikums in den Topf geben und mit Oregano, Honig, Salz, Pfeffer und Chiliflocken würzen. Die Tomatensauce bei geringer Temperatur 1,5 Stunden einkochen lassen, dabei gelegentlich umrühren.

♥ Die restliche Knoblauchzehe abziehen, fein hacken und mit dem restlichen Basilikum zugeben. Alles gut verrühren und mit einem Pürierstab pürieren. Die Sauce nach Belieben durch ein Sieb streichen. Nochmals mit Salz und Pfeffer abschmecken. Die Tomatensauce kann sofort, zum Beispiel mit Nudeln, serviert werden.

♥ Zum Aufbewahren die Sauce in heiß ausgewaschene Weckgläser füllen, mit Deckeln verschließen, abkühlen lassen und in den Kühlschrank stellen.

TIPP

Zum Einwecken die Gläser in einen Topf stellen und mit Wasser auffüllen, sodass sie bis zur Hälfte im Wasser stehen. Zum Kochen bringen und 20 Minuten kochen lassen. Die Gläser herausnehmen und abkühlen lassen. Die Sauce ist nun mindestens ein halbes Jahr haltbar.

BUNTE PAPRIKA

EINGELEGT

2 grüne Paprika
2 gelbe Paprika
2 rote Paprika
2 Knoblauchzehen
2 EL Senfkörner
2 EL bunte Pfefferkörner
2 TL getrocknete Chiliringe
Olivenöl

2 Weckgläser (à 200 ml)

25 MIN + 25 MIN — X2

♥ Den Backofen auf 220 °C vorheizen. Ein Backblech mit Backpapier auslegen. Die Paprika waschen, halbieren, von Samen und Scheidewänden befreien und in etwa 3 cm breite Streifen schneiden. Mit der Hautseite nach oben auf das Backpapier legen und 25 Minuten auf der obersten Schiene im Backofen backen.

♥ Die Weckgläser sehr heiß auswaschen und auf einem Küchentuch abtropfen lassen. Wenn die Haut der Paprika Blasen wirft und dunkle Stellen bekommt, die Paprika aus dem Ofen nehmen und abkühlen lassen. Anschließend die Haut abziehen und farblich abwechselnd in die Weckgläser schichten.

♥ Den Knoblauch abziehen und in dünne Scheiben schneiden. Zusammen mit den Senf- und Pfefferkörnern sowie Chiliringen auf die Gläser verteilen und diese jeweils mit Olivenöl auffüllen, bis alles bedeckt ist. Die eingelegten Paprika halten sich an einem kühlen Ort etwa 4 Monate.

KÄSECRACKER

MIT PARMESAN

80 g Emmentaler
20 g Parmesan
100 g Butter
100 g Mehl
1 TL Salz

Mehl für die Arbeitsfläche

ZUM BESTREUEN
2 EL frisch geriebener Emmentaler
2 EL frisch geriebener Parmesan
grobes Meersalz
getrockneter Oregano
Chiliflocken

30 MIN + 42 MIN X 40

♥ Den Backofen auf 200 °C vorheizen. Ein Backblech mit Backpapier auslegen. Emmentaler und Parmesan fein reiben. Die Butter klein schneiden. Geriebenen Käse, Butter, Mehl und Salz mit dem Knethaken des Rührgerätes oder mit den Händen rasch zu einem glatten Teig verarbeiten. In Folie gewickelt etwa 30 Minuten kalt stellen.

♥ Den Teig anschließend auf einer bemehlten Arbeitsfläche etwa 2 mm dick ausrollen. Mit einem Ausstecher kleine Kreise o. Ä. ausstechen und auf das Backpapier legen. Die Cracker nach Wunsch mit geriebenem Käse, Meersalz, Oregano oder Chiliflocken bestreuen. Auf der mittleren Schiene im Backofen 10–12 Minuten goldbraun backen.

TIPP

Als Verpackung eignet sich eine alte Bonbondose, die mit Geschenkpapier beklebt wird.

WAS FÜR EIN SPASS, DURCH DIE BUNT GEFÄRBTEN BLÄTTER ZU TOBEN!

WALNUSSBROT

NACH ALTMANNS ART

100 g Walnusskerne
500 g Weizenvollkornmehl (Type 1600)
1 Würfel frische Hefe
2 TL Salz
2 EL Essig
50 g Haselnüsse

10 MIN + 60 MIN
X 4 (1 BROT)

- Eine Kastenform (30 cm Länge) mit Backpapier auslegen und das überstehende Backpapier am Rand nach außen umschlagen.

- Die Walnüsse grob hacken. Das Vollkornmehl in eine Schüssel geben und in die Mitte eine kleine Mulde drücken. Die Hefe hineinbröckeln, etwa 3 EL lauwarmes Wasser zugeben und verrühren. Salz, weitere 440 ml Wasser, Essig, Hasel- und Walnüsse hinzufügen und alles mit den Knethaken eines Handrührgeräts zu einem recht feuchten Teig verarbeiten. Den Brotteig in die Form füllen und auf die mittlere Schiene im Backofen stellen. Bei 200 °C (ohne Vorheizen) 60 Minuten backen.

TIPP

Je nach Belieben können Sie die Walnüsse und Haselnüsse durch andere Nüsse und/oder Kerne wie z. B. Mandeln, Sonnenblumenkerne, Kürbiskerne usw. ersetzen.

2 Zwiebeln
1 Karotte
2 Gewürzgurken

FÜR DEN SUD
250 ml Kräuteressig
125 g Zucker
1 TL Currypulver
1 EL Senfkörner
1 EL Pfefferkörner

2 Weckgläser (à 200 ml)

30 MIN X2

GEMÜSE
EINGELEGT IM KRÄUTERSUD

♥ Die Zwiebeln abziehen und in dünne Ringe schneiden. Die Karotte schälen und mit dem Sparschäler in dünne Streifen hobeln. Die Gurken ebenfalls in dünne Längsscheiben schneiden. Für den Sud den Kräuteressig mit dem Zucker und den Gewürzen in einem Topf zum Kochen bringen und 10 Minuten bei geringer Temperatur köcheln lassen.

♥ Die Weckgläser sehr heiß auswaschen und auf einem Küchentuch abtropfen lassen. Das Gemüse abwechselnd in die Gläser schichten und mit dem heißen Sud auffüllen, bis alles bedeckt ist. Die Gläser sofort verschießen und abkühlen lassen. Das eingelegte Sandwichgemüse ist an einem kühlen Ort etwa 5 Monate haltbar.

TIPP

Das eingelegte Gemüse schmeckt gut zu Brot und Fleisch.

HAGEBUTTEN

SÜSS-SAUER EINGELEGT

850 g frische Hagebutten
(ergibt 550 g geputzte Hagebutten)

FÜR DEN SUD
50 ml Essigessenz (25%)
180–200 g Zucker
4–5 Nelken
1 Zimtstange

5 Weckgläser (à 200 ml)

40 MIN X5

♥ Die Hagebutten waschen, die Stielansätze und Blütenkelche entfernen. Die Früchte aufschneiden, die Kerne und Härchen entfernen. Die Hagebutten anschließend nochmals waschen. Für den Sud die Essigessenz, 250 ml Wasser, Zucker, Nelken und Zimtstange in einen Topf geben und alles zum Kochen bringen. Die Temperatur reduzieren und einige Minuten köcheln lassen. Die geputzten Hagebutten dazugeben und 20 Minuten köcheln lassen, bis sie gar sind.

♥ Die Weckgläser sehr heiß auswaschen und auf einem Küchentuch abtropfen lassen. Die Hagebutten mit Sud heiß in die Gläser füllen und diese mit den Deckeln verschließen. Ungeöffnet und gekühlt gelagert halten sich die eingelegten Hagebutten 6 Monate.

TIPP

Die eingelegten Hagebutten schmecken sehr gut zu Fleisch und Fisch.

SÜSSE LOCKEN

AUS BLÄTTERTEIG

2 Rollen Blätterteig
(à 270 g, rechteckig ausgerollt)

FÜR DIE FÜLLUNG
50 g Butter
1 Ei
75 g Zucker
2 Päckchen Vanillezucker
100 g gemahlene Haselnüsse
100 g gemahlene Mandeln

20 MIN + 20 MIN X 24

♥ Den Backofen auf 200 °C vorheizen. Ein Backblech mit Backpapier auslegen. Die Butter in einem Topf bei geringer Temperatur schmelzen. Das Ei mit dem Zucker und dem Vanillezucker aufschlagen und zur Butter geben. Die Haselnüsse und die Mandeln ebenfalls zufügen und alles gut verrühren.

♥ Die erste Blätterteigrolle auf der Arbeitsfläche auslegen, die Mandel-Nuss-Masse darauf verstreichen und die zweite Blätterteigrolle darüberlegen. Alles einmal längs halbieren und anschließend quer in etwa 3 cm breite Streifen schneiden. Die einzelnen Streifen so drehen, dass sie wie Locken aussehen, und auf das Backpapier legen. Auf der mittleren Schiene im Backofen etwa 20 Minuten goldbraun backen.

TIPP

Für eine herzhafte Variante statt der Mandel-Nuss-Masse die Butter al Pesto Rosso (Rezept siehe Seite 100) verwenden.

DIE SÜSSESTEN UND
KNACKIGSTEN ÄPFEL SIND
DIE SELBST GEERNTETEN.

HAGEBUTTENMUS

MIT BIRNE

750 g frische Hagebutten
(ergibt 500 g geputzte Hagebutten)
2 große reife Birnen
4–6 EL Zucker
¼–½ TL Zimt
1–1½ EL frischer Zitronensaft

60 MIN X 4

- Die Hagebutten waschen, die Stielansätze und Blütenkelche entfernen. Die Früchte aufschneiden, die Kerne und Härchen entfernen. Anschließend die Hagebutten nochmals waschen. Die Birnen schälen und vierteln, die Kerngehäuse entfernen. Die Birnenviertel in kleine Würfel schneiden.

- Die Hagebutten mit 150 ml Wasser und 4 EL Zucker in einem Topf zum Kochen bringen. Nach etwa 10 Minuten die Birnenstücke dazugeben und weitere 15–20 Minuten köcheln lassen. Nach Bedarf noch etwas Wasser zugeben und alles mit einem Pürierstab pürieren. Anschließend das Mus durch ein Sieb streichen. Mit Zimt, Zucker und Zitronensaft abschmecken. In Schälchen füllen und servieren.

TIPP

Das Hagebutten-Birnen-Mus schmeckt sehr fein mit leicht geschmolzenem Vanilleeis. Zum Verschenken muss es eingeweckt werden (siehe Seite 102).

SÜSSE BREZELN

MIT ZUCKER

FÜR DEN TEIG
100 g weiche Butter
3 EL Zucker
1 TL Vanillezucker
100 ml Sahne (mind. 30% Fett)
175 g Mehl

ZUM BESTREUEN
90 g Zucker

60 MIN + 12 MIN x 32

♥ Den Backofen auf 200 °C vorheizen. Ein Backblech mit Backpapier auslegen. Die Butter mit dem Zucker und dem Vanillezucker schaumig schlagen. Die Schlagsahne und das Mehl zufügen und rasch zu einem glatten Teig verarbeiten.

♥ Den Teig vierteln und jedes Viertel nochmals halbieren. Die so entstandenen Stücke jeweils in vier weitere Teigstücke teilen, bis insgesamt 32 Portionen entstanden sind. Jede Portion zu einer etwa 12 cm langen Rolle und diese zu einer Brezel formen. Den Zucker auf einen Teller geben. Die Brezeln im Zucker wenden und auf das Backpapier legen. Auf der mittleren Schiene im Backofen 10–12 Minuten backen und anschließend auf dem Blech abkühlen lassen.

TIPP

Für Schokobrezeln zur Hälfte des Teiges 2 EL Kakaopulver zufügen.

BAUERNKEKSE

MIT ROSINEN

100 g Butter
90 g Zucker
110 g Mehl
2 TL Backpulver
65 g Rosinen

25 MIN + 15 MIN X 22

- Den Backofen auf 175 °C vorheizen. Ein Backblech mit Backpapier auslegen. Die Butter in einem Topf schmelzen und etwas abkühlen lassen. Zucker, Mehl und Backpulver dazugeben und zuerst mit den Knethaken des Handrührgeräts, dann mit den Händen zu einem glatten Teig verarbeiten. Zuletzt die Rosinen unterkneten.

- Den Teig zu walnussgroßen Kugeln formen und mit etwas Abstand auf das Backpapier legen. Auf der mittleren Schiene im Backofen 13–15 Minuten backen, bis die Kekse leicht gebräunt sind.

TIPP

Die Rosinen können nach Belieben durch gehackte Mandeln ersetzt werden.

190 g Butter
120 g Puderzucker
3 TL Vanillezucker
1 Eigelb
70 g gemahlene Mandeln
200 g Mehl

35 MIN + 11 MIN X 35

KRÄNZCHEN

NACH GROSSMUTTERS ART

♥ Den Backofen auf 175 °C vorheizen. Ein Backblech mit Backpapier auslegen. Die Butter schaumig rühren, Puder- und Vanillezucker, Eigelb, gemahlene Mandeln und Mehl zufügen und alles rasch zu einem glatten Teig verarbeiten.

♥ Den Teig in einen Spritzbeutel mit mittlerer Tülle geben und etwa 8 cm lange Streifen auf das Backpapier spritzen. Diese zu Ringen formen und auf der mittleren Schiene im Backofen 9–11 Minuten goldbraun backen. Auf dem Blech erkalten lassen.

TIPP

Wenn eine Tülle mit großer Öffnung benutzt wird, entsteht ein dickerer Ring, der im Backofen zum Taler zusammenläuft (siehe Bild).

WALDFRÜCHTE

AUS SCHOKOLADE

FÜR DEN TEIG
100 g weiche Butter
50 g Zucker
20 g Puderzucker
3 EL Kakaopulver
70 g kernige Haferflocken

ZUM BESTREUEN
1–2 EL gemahlene Nüsse, Kokosraspel oder Zuckerperlen, nach Belieben

25 Fruchtbecher von Eicheln

25 MIN + 60 MIN · X 25

- Die Fruchtbecher der Eicheln waschen und trocknen lassen. Die Butter mit dem Zucker und dem Puderzucker schaumig rühren. Das Kakaopulver dazugeben und verrühren. Zuletzt die Haferflocken unterkneten.

- Den Teig zu kleinen Kugeln formen und nach Belieben in gemahlenen Nüssen, Kokosraspeln oder Zuckerperlen wälzen. Mit einem Eichel-Fruchtbecher versehen und anschließend 60 Minuten kühl stellen.

2 kg Holunderbeeren
400 g Zucker
Saft von 1 Zitrone

1 Flasche (à 1 Liter)

40 MIN + 4 STD X1

SAFT
AUS HOLUNDERBEEREN

♥ Die Holunderbeeren gründlich waschen und mithilfe einer Gabel von den Dolden lösen. Die tropfnassen Beeren zusammen mit 500 ml Wasser in einen großen Topf geben. Zugedeckt 15–20 Minuten bei geringer Temperatur köcheln lassen, bis die Beeren weich sind und sich ausdrücken lassen.

♥ Die Beeren zerstoßen, in ein feines Sieb oder Tuch geben und etwa 4 Stunden abtropfen lassen. Anschließend das Tuch kräftig auspressen. Den aufgefangenen Saft zusammen mit dem Zucker und dem Zitronensaft kurz aufkochen lassen und in vorbereitete saubere Flaschen füllen.

TIPP

Benutzen Sie Einweghandschuhe, da die Holunderbeeren abfärben. Den Holunderbeersaft zum Servieren nach Belieben mit Wasser verdünnen.

WENN ICH LIEBEN BESUCH BEKOMME

Gerne sitze ich abends mit meiner Familie gemütlich am Tisch beieinander und wir erzählen uns, was wir am Tag alles erlebt haben. Oft leisten uns liebe Freunde Gesellschaft und feiern spontan ein kleines Fest. An solch heiteren Abenden stehe ich mit Freunden gern gemeinsam in der Küche und wir kochen zusammen! Und natürlich kommt dann auch etwas ganz Besonderes auf den Tisch. Mit den Rezepten in diesem Kapitel können Sie die letzten Herbstabende mit Ihren Freunden genießen!

FELDSALAT

MIT MARONEN UND WALNÜSSEN

FÜR DEN SALAT
200 g Feldsalat
8 frische Maronen
8 ganze Walnüsse

FÜR DAS DRESSING
1 mittelgroße Schalotte
4 EL Walnussöl
2 EL Balsamicoessig
1–1½ TL Dijonsenf
Salz
4 EL frisch gehobelter Parmesan

30 MIN + 25 MIN   X 4

♥ Den Backofen auf 210 °C vorheizen. Die Maronen auf der bauchigen Seite mit einem scharfen Messer kreuzförmig anschneiden. Auf ein Backblech legen und auf der mittleren Schiene 20–25 Minuten rösten. Die Maronen kurz abkühlen lassen, aus der Schale lösen und grob hacken.

♥ Die Schale der Walnüsse knacken, die Nüsse aus der Schale lösen und grob hacken. Walnüsse und Maronen mischen und zur Seite stellen. Den Feldsalat verlesen und die Wurzeln abschneiden. Danach gründlich waschen, trocken schleudern und in einer großen Schale anrichten.

♥ Für das Dressing die Schalotte abziehen und klein würfeln. Öl, Balsamicoessig und Senf mischen, die Schalotte dazugeben und mit Salz abschmecken. Das Dressing auf dem Feldsalat verteilen. Walnüsse, Maronen und Parmesan darüberstreuen, nicht verrühren und sofort servieren.

TIPP

Bei einer größeren Menge Maronen rösten Sie alle im Backofen und servieren die restlichen mit Butter und Salz zum Feldsalat. Den Feldsalat 2–3 Stunden vor dem Verzehr in eine Schüssel mit Wasser legen, dadurch werden die Blätter praller.

2 Römersalatherzen

FÜR DAS DRESSING
200 ml Buttermilch
3 EL Sauerrahm
3 EL Olivenöl
½ TL frischer Limettensaft
Salz
frisch gemahlener Pfeffer

ZUM BESTREUEN
3 EL Kürbis-, Sonnenblumen- oder Pinienkerne, nach Belieben
½ Bund Schnittlauch
4 TL eingelegte Preiselbeeren

15 MIN X 4

RÖMERSALAT

MIT BUTTERMILCHDRESSING

♥ Den Salat waschen, trocken schleudern, in mundgerechte Stücke zupfen und auf Tellern anrichten. Für das Dressing die Buttermilch mit dem Sauerrahm verrühren, das Olivenöl kräftig unterschlagen. Mit Limettensaft, Salz und Pfeffer abschmecken. Das Dressing über den Salat geben.

♥ Die Kerne und/oder Nüsse in einer Pfanne ohne Fett 3–5 Minuten rösten und über den Salat streuen. Den Schnittlauch waschen, trocken schütteln, in kleine Röllchen schneiden und über den Salat geben. Zuletzt mit den Preiselbeeren garnieren.

TIPP

Der Römersalat passt gut zum gebratenen oder panierten Ziegenkäse (Rezepte siehe Seite 151).

HÜHNCHEN
IN BUTTERSAUCE

4 Hühnerbrustfilets (à 150 g)
6–8 Karotten
Salz

FÜR DIE MARINADE

150 g Joghurt
3 EL Tomatenmark
1–2 TL Kreuzkümmel
3–5 Kardamomkapseln
1 TL Salz
1 Msp. weißer Pfeffer
2 Knoblauchzehen
10 g Ingwer
1 TL Koriandersamen

FÜR DIE SAUCE

2 Zwiebeln
1 EL Sonnenblumenöl
80 g Butter
3 Lorbeerblätter
200 ml Sahne (mind. 30% Fett)
Chiliflocken
Salz
frisch gemahlener Pfeffer

½ Bund glatte Petersilie

45 MIN   X 4

♥ Für die Marinade den Joghurt mit dem Tomatenmark, Kreuzkümmel, Kardamom, Salz und Pfeffer in einer Schüssel verrühren. Den Knoblauch abziehen und durch eine Knoblauchpresse drücken, den Ingwer schälen und fein reiben und die Koriandersamen im Mörser zerkleinern. Alles ebenfalls zum Joghurt geben und gut verrühren. Das Fleisch waschen, trocken tupfen und in kleine Stücke schneiden. In die Joghurtmarinade geben und gut verrühren.

♥ Für die Sauce die Zwiebeln abziehen und fein hacken. Öl und Butter und in einer Pfanne erhitzen. Die Zwiebeln bei geringer Temperatur 10–12 Minuten goldbraun anbraten. Das Hühnchen mit der Joghurtmarinade zugeben und 6–8 Minuten anbraten, dabei mehrfach umrühren. Die Lorbeerblätter und 150 ml Wasser zufügen und bei geringer Temperatur etwa 15 Minuten köcheln lassen.

♥ Inzwischen die Karotten schälen, in dünne Scheiben oder Spalten schneiden und in Salzwasser bissfest kochen. Die Schlagsahne zum Hühnchen gießen und weitere 10–15 Minuten köcheln lassen. Wenige Minuten vor dem Ende der Garzeit die Karotten dazugeben. Mit Chiliflocken, Salz und Pfeffer abschmecken. Die Petersilie waschen, trocken schütteln, die Blättchen abzupfen und in dünne Streifen schneiden. Das Hühnchen damit bestreuen.

TIPP

Das Gericht schmeckt gut zu Kartoffeln oder Reis.

MOUNTAIN

800 g Hokkaidokürbis
1 große rote Zwiebel
1–2 Knoblauchzehen
3–5 g Ingwer
2 EL Olivenöl
700 ml Gemüsebrühe
1 frische rote Chilischote
3–4 Stängel Basilikum
3–4 EL Sahne (mind. 30% Fett)
Salz
frisch gemahlener Pfeffer
Chiliflocken

25 MIN X 4

KÜRBISSUPPE

SCHARF

♥ Den Kürbis waschen, halbieren, den Stielansatz und die Kerne entfernen und das Fruchtfleisch grob würfeln. Die Zwiebel und die Knoblauchzehen abziehen und klein hacken. Den Ingwer schälen und fein reiben. Das Öl in einem großen Topf erhitzen und Zwiebel und Knoblauch darin anschwitzen. Den Ingwer und den Kürbis dazugeben und 2–3 Minuten anbraten. Die Gemüsebrühe dazugießen und die Suppe 10–12 Minuten köcheln lassen, bis der Kürbis gar ist.

♥ Inzwischen die Chilischote waschen und in dünne Ringe schneiden. Das Basilikum waschen, trocken schütteln, die Blättchen abzupfen und in schmale Streifen schneiden.

♥ Die Suppe mit dem Pürierstab oder im Mixer fein pürieren. Die Sahne unterrühren und mit Salz, Pfeffer und Chiliflocken abschmecken. Nach Belieben noch einmal kurz aufkochen lassen und je nach Bedarf mit Brühe verdünnen, falls die Suppe zu dickflüssig ist. Die Kürbissuppe mit den Chiliringen und dem Basilikum servieren.

ZWIEBELSUPPE

MIT ÜBERBACKENEM CIABATTA

FÜR DIE SUPPE
800 g rote Zwiebeln
40 g Butter
2 EL Mehl
1,5 l Gemüsebrühe
5–6 EL Weißwein
2 Lorbeerblätter
2 TL getrockneter Thymian
Salz
frisch gemahlener Pfeffer
4–6 EL frisch geriebener Greyerzer

FÜR DIE BRÖTCHEN
2 Ciabattabrötchen
1 Knoblauchzehe
150 g Greyerzer, gerieben

40 MIN X 4

♥ Die Zwiebeln abziehen und mithilfe eines Gemüsehobels in dünne Ringe hobeln. Für die Brötchen 2–3 EL Zwiebeln beiseite legen. Die Butter in einem großen Topf erhitzen, die Zwiebeln dazugeben und unter Rühren etwa 10 Minuten weich braten. Das Mehl unterrühren und 2–3 Minuten anschwitzen. Mit der Gemüsebrühe ablöschen und die Suppe zum Kochen bringen. Weißwein, Lorbeerblätter und Thymian dazugeben und mit Salz und Pfeffer würzen. Zugedeckt bei geringer Temperatur 20 Minuten köcheln lassen.

♥ Den Backofen auf 200 °C vorheizen. Ein Backblech mit Backpapier auslegen. Die Brötchen längs in Scheiben schneiden und im Backofen von beiden Seiten kurz rösten. Die Knoblauchzehe abziehen und die Brötchenscheiben damit einreiben. Die Zwiebelringe auf den Brötchen verteilen und mit dem Käse bestreuen. Auf das Backblech legen und auf der mittleren Schiene im Backofen 5–8 Minuten überbacken.

♥ Die Suppe auf feuerfeste Schüsseln verteilen, die Lorbeerblätter entfernen und die Suppe mit dem Käse bestreuen. Im Backofen 7–10 Minuten überbacken. Die Zwiebelsuppe mit den Ciabattabrötchen servieren.

GRÜNKOHLSUPPE

PUR

FÜR DIE SUPPE
1 Zwiebel
1 Knoblauchzehe
300 g Kartoffeln
250 g Karotten
3 EL Butter
400 g Grünkohl
(grob gehackt, tiefgefroren)
750 ml Gemüsebrühe
Salz
frisch gemahlener Pfeffer

40 MIN × 4

FÜR DIE EINLAGE
150–250 ml Gemüsebrühe, nach Bedarf
2–3 EL Crème fraîche
2 Scheiben Kochschinken

40 MIN × 4

♥ Die Zwiebel und die Knoblauchzehe abziehen und fein hacken. Die Kartoffeln und die Karotten schälen. Die Kartoffeln in etwa 1,5 cm dicke Würfel und die Karotten in dünne Scheiben schneiden. Eine Handvoll Karottenscheiben für die Suppeneinlage beiseitelegen.

♥ In einem Topf 2 EL Butter erhitzen, Zwiebel und Knoblauch etwa 10 Minuten goldbraun anschwitzen. Die Kartoffeln und die Karotten dazugeben und 7–9 Minuten anbraten. Den tiefgefrorenen Grünkohl zugeben und mit der Brühe ablöschen. Zum Kochen bringen und die Suppe 20–25 Minuten köcheln lassen, bis alles gar ist. Mit Salz und Pfeffer abschmecken.

♥ Inzwischen die restliche Butter in einer Pfanne erhitzen. Die restlichen Karottenscheiben darin anbraten, bis sie bissfest sind. Mit Salz würzen. Die Suppe auf Schalen verteilen, die Karottenscheiben dazugeben und servieren.

MIT KOCHSCHINKEN

♥ Die Grünkohlsuppe wie oben beschrieben zubereiten. Bevor die gebratenen Karottenscheiben zur Suppe gegeben werden, die Suppe mit dem Pürierstab pürieren. Falls die Suppe zu dickflüssig ist, 150–250 ml Brühe zufügen. Die Crème fraîche unterrühren. Den Schinken in dünne Streifen schneiden und mit den gebratenen Karotten zur Suppe geben.

KARTOFFELN
IN SCHARFER TOMATENSAUCE

1 kg festkochende Kartoffeln

FÜR DIE SAUCE
1 große Zwiebel
2–3 Knoblauchzehen
3–4 frische Tomaten
6 EL Olivenöl
500 ml passierte Tomaten
2 EL Tomatenmark
1 Prise Zucker
Salz
frisch gemahlener Pfeffer
Chiliflocken

ZUM BESTREUEN
½ Bund glatte Petersilie

50 MIN X 4

♥ Die Kartoffeln schälen. Drei Kartoffeln in dünne Scheiben und die restlichen in etwa 2 cm große Würfel schneiden. Die Zwiebel und die Knoblauchzehen abziehen und fein hacken. Die Tomaten waschen und achteln. In einem Topf 2 EL Olivenöl erhitzen, die Zwiebel und den Knoblauch 5 Minuten anbraten. Die frischen und die passierten Tomaten zusammen mit dem Tomatenmark in den Topf geben und bei geringer Temperatur 6–7 Minuten köcheln lassen. Mit Zucker, Salz, Pfeffer und Chiliflocken abschmecken.

♥ In einer Pfanne 2 EL Olivenöl erhitzen und die Kartoffelwürfel 5–7 Minuten scharf anbraten, dabei mehrfach wenden. Die Kartoffelwürfel zur Tomatensauce geben und ohne Deckel bei geringer Temperatur weitere 25–30 Minuten köcheln lassen, bis die Sauce sämig ist. Zwischendurch mehrmals vorsichtig umrühren. Noch einmal mit Salz, Pfeffer und Chiliflocken abschmecken.

♥ Inzwischen die Kartoffelscheiben in einer Pfanne mit dem restlichen Olivenöl kross anbraten, salzen und pfeffern. Die Petersilie waschen, trocken schütteln, die Blättchen abzupfen und klein hacken. Die Kartoffelwürfel mit der scharfen Tomatensauce in einer Schale servieren und mit den Kartoffelscheiben dekorieren. Die Petersilie darüberstreuen.

3 Pastinaken
6 Karotten
2–3 EL Olivenöl
Salz
frisch gemahlener Pfeffer
3–4 EL brauner Zucker
3–4 Stängel glatte Petersilie

30 MIN X 4

WURZELGEMÜSE
GEBRATEN

♥ Die Pastinaken und Karotten schälen. Das Gemüse in dünne Scheiben oder kleine Schnitze schneiden. Das Olivenöl in einer Pfanne erhitzen, die Karotten zugeben und 13–16 Minuten braten. Die Pastinaken nach 6 Minuten zugeben und mitbraten, bis das gesamte Gemüse gar ist. Mit Salz und Pfeffer würzen. Zuletzt den Zucker darüberstreuen und unter Rühren karamellisieren lassen.

♥ Die Petersilie waschen, trocken schütteln, die Blättchen abzupfen und in dünne Streifen schneiden. Die Pastinaken und Karotten in einer Schale servieren und mit der Petersilie bestreuen.

TIPP

Das Gericht eignet sich als vegetarisches Hauptgericht, aber auch als Beilage zum Rindergulasch (Rezept siehe Seite 163).

ZIEGENKÄSE

PANIERT, AUS DEM OFEN

Butter für die Auflaufform

150 g Ziegenkäserolle
1 Ei
3 EL Mehl
3 EL Semmelbrösel
2 EL eingelegte Preiselbeeren
1 EL Schnittlauchröllchen

15 MIN + 20 MIN X 4

♥ Den Backofen auf 200 °C vorheizen. Eine Auflaufform mit Butter ausfetten. Den Ziegenkäse in 1,5 cm dicke Scheiben schneiden. Zum Panieren das Ei in einen tiefen Teller aufschlagen und verquirlen. Das Mehl und die Semmelbrösel jeweils auf einen weiteren Teller geben. Die Käsescheiben zunächst im Mehl wenden, dann durch das verquirlte Ei ziehen und zuletzt in den Semmelbrösel wälzen.

♥ Die Käsescheiben in die Auflaufform legen. Auf der mittleren Schiene im Backofen 20 Minuten backen, bis der Käse eine goldbraune Kruste erhält. Den gebackenen Ziegenkäse mit den Preiselbeeren und den Schnittlauchröllchen noch warm servieren.

PANIERT UND GEBRATEN

150 g Ziegenkäserolle
1 Ei
3 EL Mehl
3 EL Semmelbrösel
1½ EL Olivenöl

20 MIN X 4

♥ Den Ziegenkäse in 1,5 cm dicke Scheiben schneiden und wie oben beschrieben panieren. Das Olivenöl in einer Pfanne erhitzen. Die Käsescheiben in die Pfanne legen und pro Seite etwa 2 Minuten kross braten. Noch warm servieren.

TIPP

Der panierte Ziegenkäse schmeckt gut zu geröstetem Brot oder als Beilage zum Römersalat mit Buttermilchdressing (siehe Rezept Seite 136).

1 mittelgroße Steckrübe
5 Karotten
2 EL Olivenöl
1 l Gemüsebrühe
Salz
frisch gemahlener Pfeffer
1 Bund glatte Petersilie

40 MIN X 4

EINTOPF
AUS STECKRÜBEN

♥ Die Steckrübe und die Karotten schälen. Die Steckrübe in etwa 2 cm große Würfel und die Karotten in dünne Scheiben schneiden. Das Olivenöl in einem Topf erhitzen, die Steckrübenwürfel und Karottenscheiben darin 6–8 Minuten anbraten und mit der Gemüsebrühe ablöschen. Den Eintopf zum Kochen bringen und bei mittlerer Temperatur 20–25 Minuten köcheln lassen, bis das Gemüse gar ist. Mit Salz und Pfeffer abschmecken.

♥ Die Petersilie waschen, trocken schütteln, die Blättchen abzupfen und fein hacken. Den Steckrübeneintopf mit der gehackten Petersilie servieren.

TIPP

Der Eintopf schmeckt gut zu Pellkartoffeln.

HAEFLING

FISCHGRATIN

NACH BRITTCHENS ART

FÜR DAS PÜREE
600 g mehligkochende Kartoffeln
Salz
2 EL Butter

Butter für die Auflaufform

FÜR DEN FISCH
3–4 Tomaten
½ Bund glatte Petersilie
2 Zwiebeln
1 EL Butter (oder Margarine)
500 g Dorschfilet (tiefgefroren)
90 g Sardellenfilets

FÜR DIE SAUCE
120 ml Sahne (mind. 30% Fett)
200 ml Mayonnaise
1–2 EL Dijonsenf
2–3 EL Semmelbrösel

40 MIN + 25 MIN X 4

♥ Für das Püree die Kartoffeln schälen und klein würfeln. In Salzwasser 10–15 Minuten gar kochen. Den Backofen auf 225 °C vorheizen. Eine Auflaufform mit Butter ausfetten. Die Tomaten waschen und in Scheiben schneiden. Die Petersilie waschen, trocken schütteln, die Blättchen abzupfen und klein hacken. Die Zwiebeln abziehen und mit einem Gemüsehobel in dünne Ringe hobeln.

♥ Die Butter in einer Pfanne erhitzen und die Zwiebeln darin 7–9 Minuten anschwitzen, bis sie weich sind. Die Zwiebeln in der Auflaufform verteilen. Das angetaute Dorschfilet waschen, trocken tupfen und auf die Zwiebeln legen. Darauf die Tomatenscheiben, die Sardellenfilets und die gehackte Petersilie verteilen.

♥ Für die Sauce die Sahne, die Mayonnaise und den Senf verrühren und über den Fisch verteilen. Anschließend die Semmelbrösel darüberstreuen.

♥ Die gegarten Kartoffeln mithilfe eines Kartoffelstampfers zerdrücken und die Butter unterrühren. Das Püree in einen Spritzbeutel füllen und an die Ränder der Auflaufform kleine Kartoffelröschen setzen. Das Fischgratin auf der mittleren Schiene im Backofen 20–25 Minuten backen.

FISCHSUPPE

MIT DILL

2 Zwiebeln
2–3 Knoblauchzehen
1 ½ EL Olivenöl
1 l Gemüsebrühe
2 Dosen Tomatenstücke (à 400 g)
2 TL getrockneter Thymian
3 TL getrockneter Oregano
400 g Rotbarschfilet (tiefgefroren)
Salz
weißer Pfeffer
3 Zweige Dill

25 MIN X 4

♥ Die Zwiebeln und den Knoblauch abziehen, die Zwiebeln in Ringe schneiden, den Knoblauch fein hacken. Das Öl in einem Topf erhitzen, Zwiebeln und Knoblauch 5 Minuten darin anschwitzen. Mit der Gemüsebrühe aufgießen. Die Tomaten, den Thymian und den Oregano dazugeben und alles zum Köcheln bringen.

♥ In der Zwischenzeit den gefrorenen Fisch in kleine Würfel mit etwa 2 cm Seitenlänge schneiden. Den Fisch zur Suppe geben und etwa 10 Minuten auf kleiner Flamme mitköcheln lassen, bis er gar ist. Die Suppe mit Salz und Pfeffer abschmecken.

♥ Den Dill waschen, trocken schütteln und fein hacken. Die Suppe in kleine Schälchen oder tiefe Teller geben und mit Dill bestreut servieren.

TIPP

Dazu passt gut Ciabatta oder Baguette.

Butter für die Auflaufform

150 g Bacon in Scheiben (Frühstücksspeck)
1 Stange Lauch
2 EL flüssige Margarine
frisch gemahlener Pfeffer
4 Hühnerbrustfilets (à 150 g)
Salz
200 ml Sahne (mind. 30% Fett)
100 g Emmentaler, gerieben

30 MIN + 20 MIN X 4

HÜHNCHEN

MIT LAUCH UND SPECK

♥ Den Backofen auf 225 °C vorheizen. Eine Auflaufform mit Butter ausfetten. Die Baconscheiben dritteln und in einer Pfanne ohne Fett 3–4 Minuten anbraten, herausnehmen und beiseitestellen. Den Lauch putzen, waschen und in dünne Ringe schneiden. In der benutzten Pfanne 3–4 Minuten anbraten, nach Bedarf noch flüssige Margarine dazugeben. Den Bacon zum Lauch in die Pfanne geben, verrühren und pfeffern. Alles in der Auflaufform verteilen.

♥ Die Hühnerbrustfilets waschen, trocken tupfen, klein schneiden und mit Salz und Pfeffer würzen. Das Hühnchen auf dem Lauchgemüse verteilen. Die Schlagsahne darübergießen und mit dem Käse bestreuen. Auf der unteren Schiene im Backofen 20 Minuten backen.

MEDAILLONS
VOM SCHWEIN, MIT PAPRIKASTREIFEN

Butter für die Auflaufform

600 g Schweinefilet
100 g Champignons
1 große rote Paprika
3 EL flüssige Margarine
Salz
frisch gemahlener Pfeffer
5 EL frisch geriebener Emmentaler

FÜR DIE SAUCE
400 ml Sahne (mind. 30% Fett)
200–250 ml Chilisauce

30 MIN + 20 MIN X 4

♥ Den Backofen auf 200 °C vorheizen. Die Auflaufform mit Butter ausfetten. Die Champignons mit einem Küchenpapier abreiben und in dünne Scheiben schneiden. Die Paprika putzen, waschen, halbieren, von Samen und Scheidewänden befreien und in schmale Streifen schneiden.

♥ Das Schweinefilet in 1 cm dicke Scheiben schneiden. Die flüssige Margarine in einer Pfanne erhitzen, das Fleisch von beiden Seiten jeweils 2 Minuten anbraten, salzen und pfeffern. Das Fleisch herausnehmen und beiseitestellen, den Bratensaft auffangen.

♥ Für die Sauce den aufgefangenen Bratensaft mit der Schlagsahne und der Chilisauce vermischen. Das Fleisch fächerförmig mittig in die Auflaufform legen, die Pilze darauf verteilen, die Paprikastreifen darüberlegen und mit dem Käse bestreuen. Die Sauce neben den Schweinemedaillons verteilen. Auf der unteren Schiene im Backofen 15–20 Minuten backen.

RINDERGULASCH

MIT ROTWEIN

1 kg Rindfleisch (aus der Hüfte)
6 EL Olivenöl
1 Gemüsezwiebel
200 g Schinkenwürfel
3 EL Tomatenmark
500 ml trockener Rotwein
Salz
frisch gemahlener Pfeffer
4 Lorbeerblätter
1 TL Zucker

50 MIN + 2,5 STD X 4

♥ Das Fleisch unter fließendem Wasser kurz waschen, trocken tupfen und in etwa 2 cm große Würfel schneiden. In einer Pfanne 3 EL Olivenöl erhitzen und das Fleisch portionsweise bei mittlerer Temperatur von allen Seiten anbraten.

♥ Die Gemüsezwiebel abziehen und klein hacken. Das restliche Olivenöl in einem großen Topf erhitzen. Die Zwiebel und die Schinkenwürfel darin anbraten. Das Tomatenmark dazugeben und kurz rösten. Die Fleischwürfel zufügen, dann den Rotwein angießen und fast vollständig einkochen lassen. Mit Salz und Pfeffer würzen. Die Lorbeerblätter, 800 ml Wasser und den Zucker hinzufügen und bei geringer Temperatur etwa 2,5 Stunden schmoren lassen. Zwischendurch öfter umrühren.

TIPP

Das Fleisch schon vom Metzger in Würfel schneiden lassen.
Das Rindergulasch schmeckt gut zu Nudeln oder zum Wurzelgemüse (Rezept siehe Seite 148).

GESELLIGES ESSEN MIT FAMILIE UND FREUNDEN IST DAS SCHÖNSTE.

100 g Zartbitterschokolade
100 g Vollmilchschokolade
200 g Sahne (mind. 30% Fett)
Zimt

15 MIN + 4 STD X 4

SCHOKOCREME

MIT ZIMT

♥ Zartbitter- und Vollmilchschokolade mit einem großen Messer grob hacken. Die Schlagsahne in einem Topf bei geringer Temperatur erwärmen. Die gehackte Schokolade unter Rühren darin schmelzen und mit Zimt abschmecken. Den Topf von der Herdplatte nehmen, abkühlen lassen und für 3–4 Stunden in den Kühlschrank stellen.

♥ Vor dem Servieren die Schokoladencreme mit den Quirlen des Handrührgeräts steif schlagen und in kleine Schälchen oder Gläser füllen.

Butter und Mehl für die Form

FÜR DEN TEIG
150 g Margarine
2 Eier
180 g Zucker
2 TL Vanillezucker
85 g Mehl
5 EL Kakaopulver

FÜR DIE DEKORATION
Puderzucker zum Bestauben
Herbstblätter

15 MIN + 22 MIN
X 8 (1 KUCHEN)

SCHOKOKUCHEN

HERRLICH SAFTIG

♥ Den Backofen auf 150 °C vorheizen. Eine Springform (ø 22–24 cm) mit Butter ausfetten und leicht mehlen. Die Margarine schmelzen und abkühlen lassen. Die Eier schaumig schlagen und mit dem Zucker und dem Vanillezucker verrühren. Das Mehl mit dem Kakaopulver mischen und unterheben. Die lauwarme Margarine nach und nach dazugeben und alles zu einem glatten Teig verarbeiten. Den Teig in die Springform füllen und auf der mittleren Schiene im Backofen 18–22 Minuten backen. Anschließend auf einem Kuchengitter abkühlen lassen.

♥ Für die Dekoration die sauberen Blätter auf den Kuchen legen, leicht andrücken und mit Puderzucker bestauben. Die Blätter anschließend vorsichtig wieder abheben.

TIPP

Der Kuchen darf in der Mitte gerne noch saftig sein. Wenn am Holzstäbchen noch Teig kleben bleibt, ist der Kuchen perfekt. Vor dem Servieren für einige Stunden kühl stellen.

BAISERS
MIT SCHOKOLADENCREME

FÜR DIE BAISERMASSE
3 Eiweiß
1 Prise Salz
einige Tropfen Zitronensaft
150 g Zucker

FÜR DIE FÜLLUNG
150 g Butter
2–3 EL Kakaopulver
3 EL Zucker

25 MIN + 70 MIN   X 18–20

♥ Den Backofen auf 100 °C vorheizen. Ein Backblech mit Backpapier auslegen. Das Eiweiß mit dem Handrührgerät auf höchster Stufe schaumig schlagen. Salz und Zitronensaft zugeben, dann den Zucker langsam einrieseln lassen, dabei ständig weiterschlagen, bis der Eischnee schnittfest und glänzend ist.

♥ Die Baisermasse in einen Spritzbeutel füllen und auf das vorbereitete Backblech spiralförmig kleine Baiserböden spritzen. Auf der unteren Schiene im Backofen je nach Größe 45–70 Minuten trocknen lassen. Die Baisers sollen nur eine ganz leichte Färbung erhalten. Auf dem Gitter abkühlen lassen.

♥ Für die Füllung die Butter schaumig schlagen, Kakaopulver und Zucker dazugeben und alles gut verrühren. Den Boden jeweils eines Baisers mit der Schokoladencreme bestreichen, einen zweiten dagegensetzen und leicht andrücken. So verfahren, bis alle Baisers gefüllt sind.

TIPP

Wer keinen Spritzbeutel hat, kann mithilfe von zwei Löffeln die Baisermasse auf das Backblech geben.

MANDELKUCHEN

NACH LUCAS ART

Margarine und Mehl für die Form

FÜR DEN TEIG

100 g Margarine (oder Butter)
2 Eier
110 g Zucker
120 g Mehl
1 TL Backpulver
50 ml Milch

FÜR DIE GLASUR

70 g Margarine (oder Butter)
60 g Zucker
2 EL heller Sirup
2 EL Mehl
2 EL Milch
100 g ganze Mandeln, geschält
30 g Mandelblättchen
30 g Mandelstifte
15 g Kürbiskerne

35 MIN + 33 MIN

X 10–12 (1 KUCHEN)

♥ Den Backofen auf 175 °C vorheizen. Eine Springform (ø 24–26 cm) mit Margarine ausfetten und leicht mehlen. Die Margarine schmelzen und abkühlen lassen. Die Eier mit dem Zucker schaumig schlagen. Die abgekühlte Margarine unterrühren. Mehl mit Backpulver mischen und abwechselnd mit der Milch dazugeben und alles zu einem glatten Teig verarbeiten. Den Teig in die Springform füllen. Auf der mittleren Schiene im Backofen für 18–23 Minuten backen, sodass er noch leicht klebrig ist.

♥ Inzwischen für die Glasur alle Zutaten in einen Topf geben, zum Kochen bringen und unter Rühren köcheln lassen, bis die Glasur leicht eindickt. Den Kuchen aus dem Ofen nehmen und die Temperatur auf 220 °C erhöhen. Die Glasur auf dem Kuchen verteilen und weitere 5–10 Minuten backen, bis sie eine goldbraune Färbung erhält.

TIPP

Geschlagene Sahne dazu servieren.

GUGELHUPF

NACH NETTIS ART

Margarine und Mehl für die Form

FÜR DEN TEIG
220 g Margarine
250 g Zucker
4 Eier
etwas Abrieb einer von
1 unbehandelten Zitrone
500 g Mehl
1 Päckchen Backpulver
200 g Schokoladenplättchen
(Schokoladentropfen)

Puderzucker zum Bestauben

20 MIN + 55 MIN
X 10–12 (1 KUCHEN)

♥ Den Backofen auf 200 °C vorheizen. Eine Gugelhupfform leicht mit Margarine ausfetten und mehlen. Die Margarine schaumig schlagen, dann den Zucker unterrühren. Nach und nach die Eier zufügen und alles gut verrühren. Den Zitronenabrieb dazugeben.

♥ Mehl und Backpulver mischen und abwechselnd mit 70–100 ml Wasser unterrühren. Die Schokoladenplättchen unterheben. Den Teig in die Backform füllen und auf der mittleren Schiene im Backofen 50 55 Minuten backen. Abkühlen lassen und mit Puderzucker bestauben.

TIPP

Nach Belieben für Erwachsene vor dem Backen 2–3 EL Rum unter den Teig rühren.

FÜR DEN PUNSCH
800 ml Apfelsaft (klar oder trüb)
400 ml Birnensaft (klar oder trüb)
12 Kardamomkapseln
2–4 EL frischer Limettensaft

FÜR DIE DEKORATION
1–2 Äpfel
1–2 Birnen

4 Holzspieße

10 MIN X1

PUNSCH

MIT APFEL UND BIRNE

♥ Für die Dekoration die Äpfel und Birnen waschen. Jeweils dicke Scheiben abschneiden und mithilfe von Ausstechformen kleine Motive ausstechen und auf Holzspieße stecken.

♥ Für den Punsch den Apfel- und Birnensaft mit den Kardamomkapseln in einem Topf kurz aufkochen lassen und mit Limettensaft abschmecken. Noch warm in vier Gläser füllen. Mit den Apfel- und/oder Birnenspießen servieren.

DANKE

Ich möchte mich bei allen bedanken, die mit mir zusammen Pilze sammeln, Beeren pflücken und Schalotten klein hacken, die für mich modeln, bei Sonnenschein, aber auch bei Kälte und Regen, die mich in ihr schönes Zuhause einladen und mit mir ihre Lieblingsrezepte teilen!

Mein besonderer Dank geht an meine Familie, die manchmal lauwarmes Essen ertragen muss, weil ich vorher noch schnell fotografieren möchte.

An meine Schwester Kerstin und ihre Familie, Tina meine Freundin seit Jugendtagen und ihren Mann Jan Thiem, Tina Wolf, Magdalena Langer und ihre Familien, Juana Sacristán und Christian Westphal mit ihren Kindern, die mich in ihre wunderschönen Häuser und Gärten eingeladen haben und mich fotografieren ließen. Herzlichen Dank an meine Mutter Britt, Steffi Altmann, Ruth Gall-Müller, Dr. Peter Baudisch und Dietlind Wolf für vieles.

Einen sehr herzlichen Dank an Frau Heinel und Frau Sorgenfrei vom Christian Verlag, für den konkreten Rahmen, Freiraum, Wertschätzung und oft vergnüglichen Mailverkehr. Vielen Dank auch an Frau Wiedemann und Frau Loos für die richtigen Worte und das schöne Layout.

DIE AUTORIN

Marie Langenau verbrachte jahrelang ihre Sommer bei ihren Großeltern an der Südwestküste Schwedens. Dort lernte sie zahlreiche Familienrezepte kennen und entdeckte ihre Liebe zur Natur. Hauptberuflich als Ärztin tätig, arbeitet sie auch als freie Fotografin und hält das Landleben in ganz Deutschland fest. Im Christian Verlag erscheinen ihre Bücher über das Leben auf dem Land.

REZEPTREGISTER

SACHREGISTER

HINWEIS: Alle Temperaturangaben für den Backofen beziehen sich auf die Einstellung Ober-/Unterhitze. Die erste Zeitangabe bezieht sich immer auf die reine Zubereitungszeit. Alle weiteren auf Back-, Ruhezeiten o. Ä.

IMPRESSUM

Unser Verlagsprogramm finden Sie unter

www.christian-verlag.de

Produktmanagement: Annemarie Heinel
Textredaktion: Christina Wiedemann
Korrektur: Jeannette Kiesel
Layout und Satz: Sabine Loos
Umschlaggestaltung: Sabine Loos mit Fotos von Marie Langenau
Repro: Repro Ludwig, Zell am See
Herstellung: Bettina Schippel

Text und Rezepte: Marie Langenau
Fotografie und Styling: Marie Langenau
Alle Fotos stammen von Marie Langenau, außer Seite 6, 19 Frank Siemers

Printed in Slovenia by Korotan

Die Deutsche Nationalbibliothek verzeichnet diese Publikation in der Deutschen Nationalbibliografie; detaillierte bibliografische Daten sind im Internet über http://dnb.d-nb.de abrufbar.

ISBN 978-3-86244-530-1

★★★★★

Sind Sie mit diesem Titel zufrieden? Dann würden wir uns über Ihre Weiterempfehlung freuen. Erzählen Sie es im Freundeskreis, berichten Sie Ihrem Buchhändler oder bewerten Sie bei Onlinekauf. Und wenn Sie Kritik, Korrekturen, Aktualisierungen haben, freuen wir uns über Ihre Nachricht an:
Christian Verlag
Postfach 40 02 09
D-80702 München
oder per E-Mail an lektorat@verlagshaus.de.

Ebenfalls erhältlich ...

ISBN 978-3-86244-253-9

ISBN 978-3-86244-254-6

ISBN 978-3-86244-080-1

ISBN 978-3-86244-496-0

CHRISTIAN

www.christian-verlag.de